„He Xiang Zhuang"
- Das Qigong des fliegenden Kranichs

von

Diplom-Sozialökonom
Stefan Wahle
Lehrer für Qigong, TQN + DDQT
6. DAN Ju-Jutsu
lizenzierter Fitnesstrainer

akkreditiert bei: www.trainerregister.de

Impressum

©2016 copyright by Stefan Wahle, Hamburg

1. Auflage 2016

Autor: Stefan Wahle, Hamburg

E-Mail: info@sw-sportbuch.de

Internet: www.sw-sportbuch.de

Fan-Page von Stefan Wahle bei Facebook.com:
http://www.facebook.com/Stefan.Wahle.Autor

Verlag und Herstellung:
BoD - Books on Demand, Norderstedt

ISBN: 978-3-7392-1586-0

Offizielles Lehrbuch

der

Sawah® Qigong und Taijiquan Gesellschaft

www.sawah-qigong.de

www.facebook.com/SawahQigong

Sport Awards 2011 der Martial Arts Association

Aufnahme in die Hall of Fame und
Verleihung der Dragon Medal

Inhaltsverzeichnis

1.	Einführung in Qigong	6
2.	Grundhaltungen	11
2.1.	Handhaltungen	
2.2.	Beinstellungen	
3.	Die Übungen der 1. Form	18
4.	Die Übungen der 2. Form	51
5.	Die Übungen der 3. Form	84
6.	Die Übungen der 4. Form	113
7.	Die Übungen der 5. Form	145
8.	Buchempfehlungen	174
9.	Über den Autor	184
10.	Vorstellung der Gesellschaft	188

1. Einführung in Qigong

Qi Gong (ausgesprochen: Tschi Gung) beinhaltet Übungen, die den Energiefluss im Körper begünstigen und Blockaden lösen, um die Gesundheit zu erhalten, zu fördern oder wiederzuerlangen. Sie sind daher für kranke sowie für gesunde Menschen gleichermaßen geeignet und sinnvoll. Die positiven Wirkungen werden durch die Vereinigung von körperlicher und geistiger Bewegung zusammen mit Atemübungen erreicht. Das Ziel ist, dass der Trainierende mit sich in Zufriedenheit und Harmonie lebt. Dieser ausgewogene Zustand ist untrennbar mit der frei fließenden Energie, dem Qi, verbunden.

Qi bedeutet Lebensenergie, die ständig wieder aufgeladen werden muss. Gong bedeutet Arbeit. Insgesamt beschäftigen wir uns also mit der Arbeit mit der Lebensenergie.

Es gibt eine Vielzahl von Qigong-Übungen mit unterschiedlichen Ausprägungen. Dabei gibt es zwei wesentliche Hauptkategorien. Auf der einen Seite die Übungen-in-Bewegung (Donggong) und auf der anderen Seite die Übungen-in-Ruhe (Jinggong). Das Qigong des fliegenden Kranichs gehört überwiegend zum aktiven Donggong. Die Vorbereitung und der Abschluss jeder Form können dem Jinggong zugerechnet werden, da diese bewegungslos in der stehenden Säule erfolgen. Schlussendlich gibt es noch die 6. Form, die eine Besonderheit darstellt. Hier erfolgen die Bewegungen in keinem festgelegten Ablauf, sondern spontan und werden dabei ausschließlich durch das Qi geleitet.

Dieses spontane Qigong wird auch Zifagong genannt, ist jedoch nicht ganz ungefährlich und sollte daher nur unter fachkundiger Anleitung praktiziert werden.

Bewegtes Qigong ist für Anfänger leichter zu erlernen, da keine besondere Geisteskraft erforderlich ist. Es müssen lediglich eine Abfolge von gewissen Bewegungen zusammen mit der Atemtechnik erlernt werden. Jinggong, also Übungen in Ruhe, wird als schwerer erlernbar eingeschätzt, aber gleichfalls auch als höherwertiger angesehen. Das Qi wird direkt durch die Vorstellungskraft geleitet. Hierbei wird eine Energiedurchdringung des Körpers erreicht, zu der keine sportliche Übung fähig ist. Hier zeigt sich der wahre Meister.

Qigong ist bei weitem keine rein chinesische Erfindung, da bei dessen Entstehung auch äußere Einflüsse aus dem indischen Yoga und dem tibetischen Buddhismus eine Rolle spielten.

Sie werden in verschiedenen Büchern und bei verschiedenen Meistern und Lehrenden Abweichungen von der hier vorgestellten Form finden. Die Grundprinzipien und Wirkungsweisen sind zwar immer gleich, jedoch finden sich Abweichungen in Ausführungsdetails. Es gibt nicht die eine richtige Urform, die es schon immer gab oder geben wird. Vielmehr durchlaufen die Übungen einen ständigen Wandel im Laufe der Zeit. Jeder Praktizierende muss seinen eigenen Weg finden und gehen. Insbesondere sollte jeder auf seine persönlichen Eigenheiten und

Gegebenheiten Rücksicht nehmen. Dies gilt insbesondere für Ältere, Kranke oder körperlich Behinderte. Standtiefe, Dehnung und Bewegungsspannbreite (range of motion) sollten entsprechend angepasst werden.

Die hier vorgestellte Variante des fliegenden Kranichs ist offiziell von der Sawah Qigong und Taijiquan Gesellschaft autorisiert und beinhaltet die reinen Donggong-Varianten der Formen 1 bis 5.

Der fliegende Kranich ist eine noch recht junge Form des Qigong und wurde von dem Arzt Dr. Pang He Ming und dem Qigong-Meister Zhao Jin Xiang entwickelt. Seit 1980 unterrichtete Zhao Jin Xiang den fliegenden Kranich, der heute von mehr als 10 Millionen Menschen praktiziert wird. Mittlerweile hat er sich zur Ruhe gesetzt.

Grundsätzlich sollten Sie bei der Praktizierung von Qigong darauf achten, mindestens 2 Stunden vor den Übungen keine Nahrung mehr zu sich zu nehmen, da ein voller Bauch die Atmung und Bewegung behindert und das Qi keinen Platz in ihm hat. Außerdem verbraucht die Verdauung wichtiges Qi, so dass weniger für Qigong zur Verfügung steht. Nach den Übungen sollten Sie noch eine halbe Stunde verstreichen lassen, bis Sie wieder Nahrung zu sich nehmen, da die Übungen noch nachwirken.

Die Übungen haben positive Auswirkungen auf die Atmungsorgane und Gliedmaßen. Gelenke werden beweglicher, die Nerven gestärkt sowie das

Gleichgewichtsempfinden verbessert. Das Immunsystem und das Herz-Kreislaufsystem werden ebenso positiv beeinflusst.

Für die Übungen ist ein Körperpunkt sehr wichtig, auf den später noch Bezug genommen wird. Dabei handelt es sich um das untere Dantian (ausgesprochen: Dantien; das Elixierfeld des langen Lebens und der Weisheit). Es ist ein Energiezentrum, das etwa 5 cm unterhalb des Bauchnabels im Bauch liegt. Wenn Sie die Hände aufeinander mit den Oberkanten zwei Finger breit unterhalb des Bauchnabels platzieren, liegen die Hände genau darauf. Wenn allgemein vom Dantian gesprochen wird, ist meist das untere Dantian gemeint, obwohl es auch noch das obere und mittlere Dantian gibt, was hier der Vollständigkeit halber erwähnt werden soll. Dieses Energiereservoir speichert Qi und pumpt es durch den Körper.

Der Ablauf der Übung sollte langsam aber fließend erfolgen. Auf den Ablauf der Atmung, insbesondere wann ein- und wann ausgeatmet werden soll, wird bei der Vorstellung der jeweiligen Einzelübung hingewiesen. Ohne besonderen Hinweis erfolgt die Atmung frei im natürlichen Rhythmus des jeweils Praktizierenden. Grundsätzlich praktizieren wir die sogenannte Bauchatmung, bei der durch die Nase tief in die Brust und dann in den Bauch eingeatmet wird. Der Bauch wölbt sich dabei wie eine Kugel nach außen. So nutzen wir das volle Lungenvolumen aus, belüften unsere Lunge optimal und führen unserem Körper den größtmöglichen Sauerstoff zu.

Ich habe diese Einführung so kurz wie möglich gehalten und verzichte mit Absicht auf endlose theoretische Ausführungen zum Qigong und der traditionellen chinesischen Medizin. Das haben viele andere Bücher in ganzer Bandbreite schon getan und ich wollte nicht noch ein Buch veröffentlichen, das die ersten 150 Seiten das gleiche Thema zum x-ten Male auswalzt. Hier geht es in erster Linie um die Vorstellung und das Erlernen der Form.

Ich habe versucht, möglichst jeden kleinen Zwischenschritt im Bild festzuhalten und zu beschreiben, so dass allein mit diesem Buch ein Kennenlernen und eine Rohpraktizierung der Form möglich sein sollten. Der letzte Feinschliff kann dann durch die Unterrichtung eines erfahrenen Lehrers oder Meisters eines anerkannten Verbandes erfolgen. Dieses Buch sollte also als Vorbereitung oder Begleiter zu einem Kurs gesehen werden, was ja letztendlich für jedes Lehrbuch gilt.

Ich wünsche viel Spaß und Erfolg beim Üben!

2. Grundhaltungen

Die nachfolgend erläuterten Handhaltungen und Beinstellungen beziehen sich auf die Gesamtheit der fünf Formen des fliegenden Kranichs.

2.1. Handhaltungen

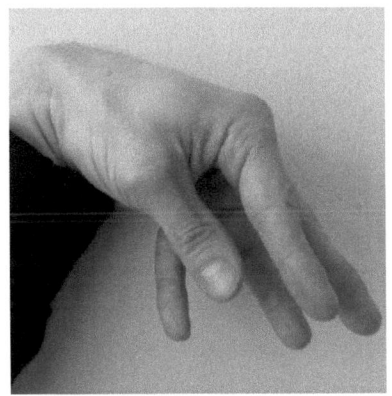 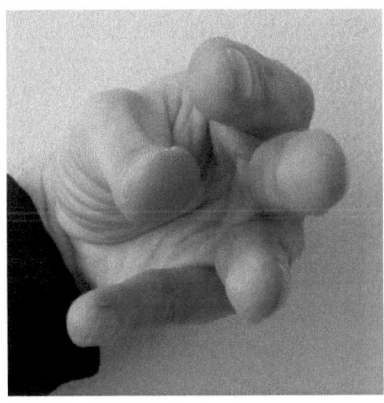

1   2 andere Ansicht von Bild 1

Die Vogelklaue

Mit dem kleinen Finger beginnend werden Finger um Finger zur Vogelklaue zusammengeführt. Sie sind alle angespannt, berühren sich dabei aber nicht. Zusätzlich wird das Handgelenk angewinkelt.

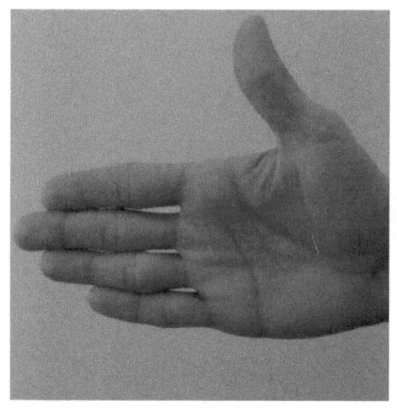 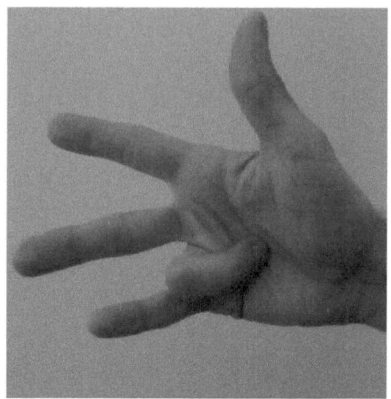

3   4

Der Laogong-Punkt

Winkeln wir aus der Position des Bildes 3 den Ringfinger an und legen die Fingerkuppe in den Handteller, so ruht diese automatisch auf dem (inneren) Laogong-Punkt.

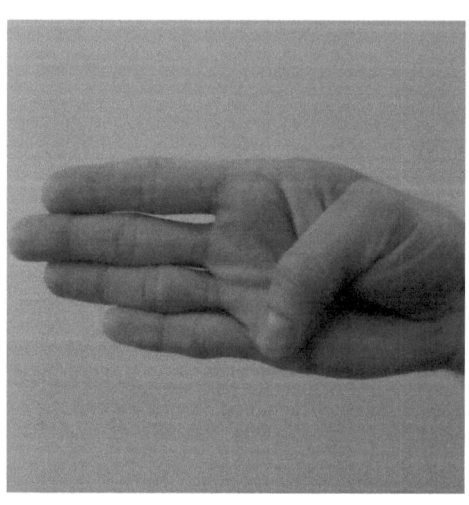

5

Die Laogong-Schutzhand

Die vier Finger sind gestreckt, während der Daumen quer über die Handinnenfläche und somit schützend über den Laogong-Punkt gelegt wird.

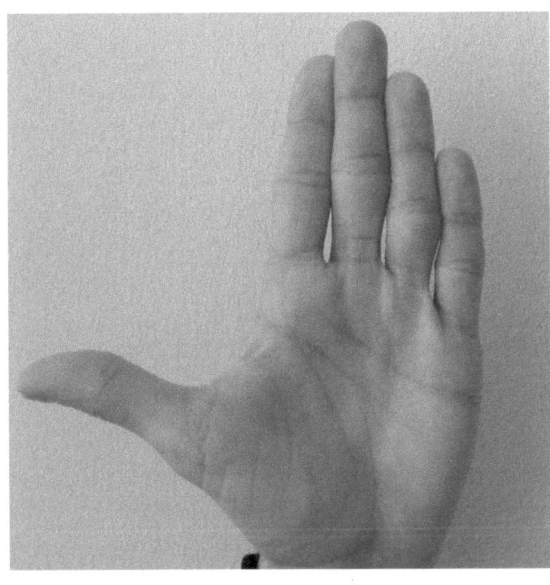

6

Das Tigermaul
Die vier Finger sind gestreckt und liegen eng zusammen. Der Daumen ist im 90°-Winkel von der Hand abgespreizt. Durch diese Abspreizung wird der Name „Tigermaul" begründet.

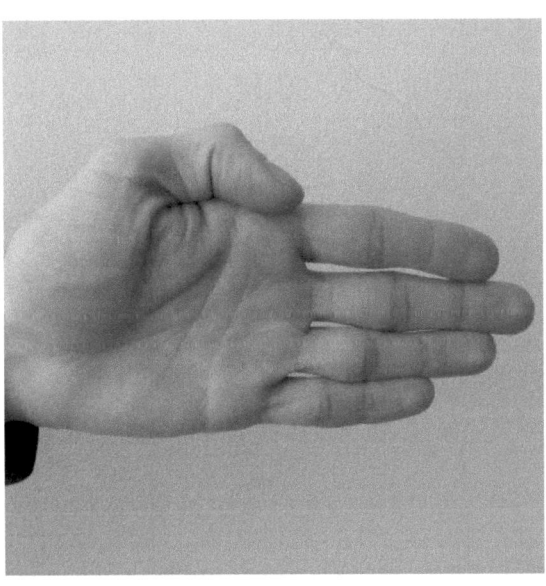

7

Das Weidenblatt
Bei der Handhaltung „Weidenblatt" sind die vier Finger gestreckt und liegen eng zusammen. Der Daumen ist angelegt, die Hand insgesamt <u>flach</u>.

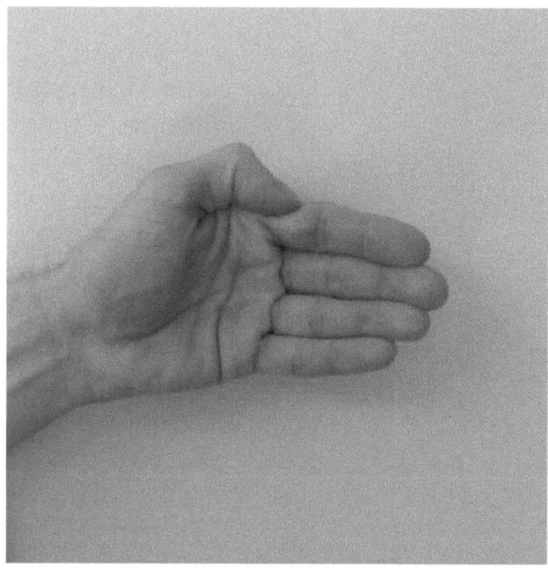

8

Die Schöpfkelle
Die Finger liegen eng zusammen und der Daumen ist angelegt. Die Hand ist wie eine „Schöpfkelle" geformt / <u>gewölbt</u>.

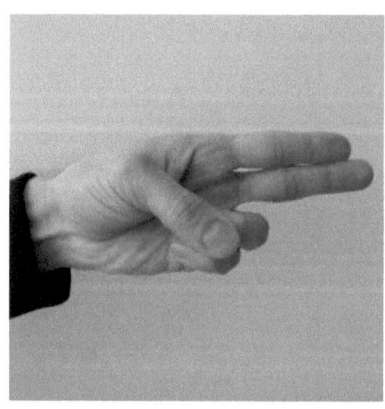

9
Die Schwertfinger

10 andere Ansicht Bild 9

Bei den Schwertfingern sind Zeige- und Mittelfinger gestreckt und liegen eng zusammen. Der kleine Finger und der Ringfinger sind angewinkelt. Der Daumen wird auf die Nagelbetten dieser Finger gelegt.

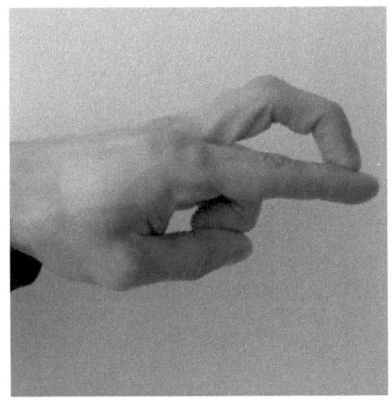 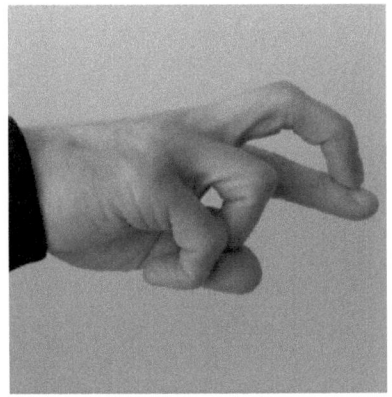

11 12 andere Ansicht von Bild 11

Der Kranichkopf

Beginnend aus der Handhaltung der „Schwertfinger" (Bilder 9 + 10) winkeln wir den Mittelfinger an und setzen ihn mit der Fingerkuppe auf den Nagelansatz des gestreckten Zeigefingers. Alle anderen Fingerpositionen werden nicht verändert.

2.2. Beinstellungen

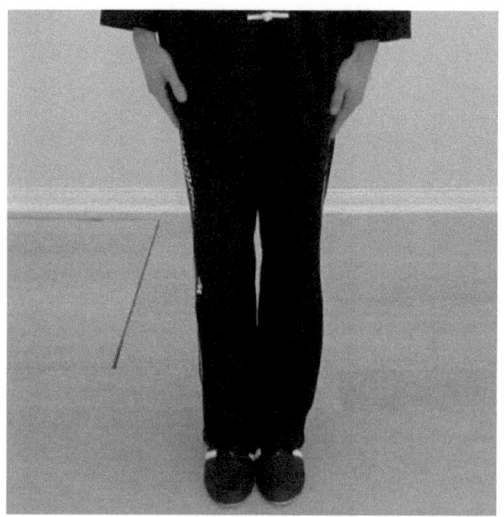

13

Ausgangsstellung

Bei dieser Stellung stehen beide Füße zusammen und zeigen nach vorne. Die Arme hängen rechts und links am Körper anliegend herab. Das Gewicht ist gleichmäßig auf beide Beine verteilt. Der Blick ist nach vorne gerichtet.

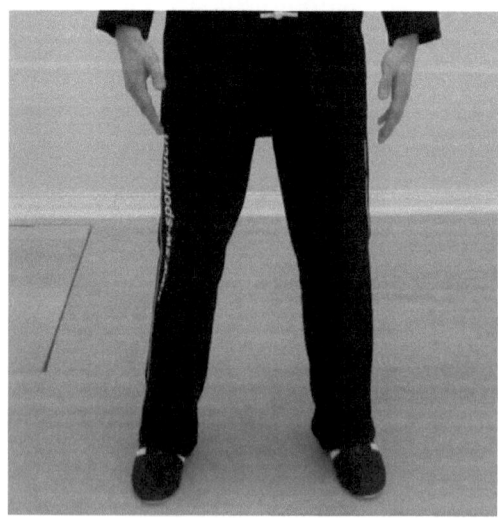

14

Neutralstellung

In dieser Stellung stehen die Füße etwa schulterbreit auseinander und zeigen nach vorne. Das Körpergewicht ist gleichmäßig auf beide Beine verteilt. Die Knie sind locker und leicht gebeugt.

15
T-Stellung

Der rechte Fuß ist mit der kompletten Fußsohle aufgesetzt (Hauptstandbein). Die Zehen zeigen nach vorne. Das rechte Knie ist nur leicht gebeugt. Der linke Fuß steht mit angehobener Ferse auf den Zehen ca. 10 cm entfernt sowie im 90°-Winkel zum anderen Fuß. Das linke Knie ist ca. 135° gebeugt. Hier wurde die linke T-Stellung beschrieben.

16
Bogenstellung

Beide Füße stehen einen großen Schritt diagonal auseinander, wobei die Zehen nach vorne gerichtet sind. Das vordere Bein ist im Knie 135° angewinkelt und trägt 60% des Körpergewichtes. Das hintere Bein ist durchgestreckt und trägt 40% des Gewichtes. Der Oberkörper ist senkrecht aufgerichtet.

3.   Die Übungen der 1. Form

17

18

19

20

Wir beginnen die Form in der Ausgangsstellung, rollen den linken Fuß beginnend mit der Ferse auf den Fußballen hoch und setzen ihn nach links in die Neutralstellung ab. Dann drehen wir die Hände mit dem Handrücken nach vorne und heben die gestreckten Arme schulterbreit an.

21 seitliche Ansicht von Bild 20   22

23
a.A.
Bild 22

Die Arme werden bis auf Schulterhöhe angehoben.

24

25 seitliche Ansicht Bild 24

26

27 seitliche Ansicht Bild 26

In einer wellenartigen Bewegung ziehen wir die Hände durch Anwinkelung der Ellenbogengelenke zurück, um sie dann wieder nach vorne zu stoßen. Beim Anziehen <u>atmen</u> wir aus und beim Vorstoßen <u>ein</u> („Lungenatmung"). Die gleichzeitige „Laogong-Atmung" läuft genau anders herum. Beim Anziehen nehmen wir frisches Qi durch die Laogong auf und geben beim Vorstoßen der Hände verbrauchtes Qi durch sie ab.

28

29 seitliche Ansicht Bild 28

30

31 seitliche Ansicht Bild 30

Die Hände werden gestreckt und dann in einem 45°-Winkel zum Körper zurückgezogen (Bilder 28/29). Dabei beugen wir diesmal die Knie. Mit Lungen- und Laogong-Atmung läuft alles wie zuvor auf Seite 20 beschrieben. Dann strecken wir wieder die Knie und stoßen die nun aufgestellten Hände erneut vor (Bilder 30/31). In der Endposition zeigen die Finger nach oben (26/27, 30/31).

32　　　　　　　　　　33

Zum dritten und letzten Mal werden die Hände zurückgezogen und vorgestoßen.

Zuerst werden die Hände entspannt, gestreckt und dann durch Anwinkelung der Ellenbogengelenke im 45°-Winkel zum Körper zurückgezogen. Dabei werden gleichzeitig die Knie gebeugt. Wir <u>atmen</u> Luft aus der Lunge <u>aus</u> und nehmen gleichzeitig frisches Qi durch die Laogong (Punkt Gemäß Bild 4 auf Seite 12) auf.

Dann erfolgt wieder die Gegenbewegung mit Strecken der Knie und Ellenbogengelenke. Dabei <u>atmen</u> wir Luft in die Lunge <u>ein</u> und geben verbrauchtes Qi durch die Laogong ab. In der Endposition sind die Hände im 90°-Winkel zum Arm senkrecht aufgestellt. Der Blick ist nach vorne gerichtet.

34

35

36

37

Wir entspannen die Hände und strecken sie, bis sie eine Linie mit den Armen bilden. Dann führen wir die gestreckten Arme in Schulterhöhe jeweils seitlich nach links und rechts („Der Kranich breitet seine Flügel aus."). In einer wellenartigen Bewegung ziehen wir die Hände durch Anwinkelung der Ellenbogengelenke zum Körper, <u>atmen</u> dabei <u>aus</u> und nehmen Qi durch die Laogong auf.

38
39 seitliche Ansicht Bild 38

Dann strecken wir die Ellenbogengelenke und stoßen die Hände mit den Innenflächen voran jeweils seitlich nach links und rechts. Gleichzeitig <u>atmen</u> wir Luft in die Lungen <u>ein</u> und geben verbrauchtes Qi durch die Laogong ab. In der Endposition sind die Hände senkrecht aufgestellt.

40
Wir entspannen die Hände, strecken sie, ziehen die Arme im 45°-Winkel zum Körper und beugen die Knie, als wenn wir uns hinsetzen wollten. Dabei <u>Atmen</u> wir Luft aus der Lunge <u>aus</u> und nehmen frisches Qi durch die Laogong auf.

41 42

Dann strecken wir die Knie sowie die Ellenbogengelenke und stoßen die Hände mit den Innenflächen voran jeweils seitlich nach links und rechts. Gleichzeitig <u>atmen</u> wir Luft in die Lungen <u>ein</u> und geben verbrauchtes Qi durch die Laogong ab. (Bild 41)

Wir beugen zum letzten Mal die Knie und ziehen die Arme zum Körper zurück (Bild 42). Atmung wie gehabt.

43

Wir strecken die Knie und zum dritten Mal die Arme. Die Lungen- und die Laogong-Atmung erfolgen wie bereits beschrieben.

44

45

46

47

Wir entspannen die Hände und strecken sie, bis sie eine Linie mit den Armen bilden. Dann lassen wir die Arme langsam seitlich sinken („Der Kranich legt seine Flügel an."). Zeigen die Finger zu Boden, drehen wir die Arme in den Schultergelenken, bis die Handinnenflächen nach hinten zeigen. Die Atmung erfolgt dabei natürlich ohne vorgegebenen Rhythmus.

48

49 seitliche Ansicht von Bild 48

50

51 seitliche Ansicht von Bild 50

Wir führen die gestreckten Arme bis zu einem 30-40°-Winkel nach hinten, belasten den vorderen Teil unserer Füße mit unserem Körpergewicht und heben so die Fersen leicht an (Bilder 48/49). Dann bringen wir die Schulterblätter zusammen und dehnen so die Brustmuskulatur („Anspannung", Bilder 50/51). Diese Position kurz halten und dann wieder „entspannen".

52

53 seitliche Ansicht von Bild 52

54

55 seitliche Ansicht von Bild 54

Wir stellen die Hände in einem 90°-Winkel zum Unterarm auf (Bilder 52/53).
Dann bilden wir mit unseren Händen „Vogelklauen" (gemäß Bilder 1+2, Seite 11). Jeweils mit dem kleinen Finger beginnend werden Finger um Finger zur Vogelklaue zusammengeführt. Sie sind alle angespannt, berühren sich dabei aber nicht. (Bilder 54/55)

56 57 seitliche Ansicht von Bild 56

Wir ziehen die Vogelklauen an den Körperaußenseiten entlang bis in die Achselhöhlen hoch, <u>atmen</u> dabei <u>ein</u>, gehen durch Anheben der Fersen auf die Zehenspitzen und beugen gleichzeitig die Knie.

58

Auf dem höchsten Punkt angekommen, werden die Hände verbunden mit einer kraftvollen <u>Ausatmung</u> nach vorne-unten geschleudert...

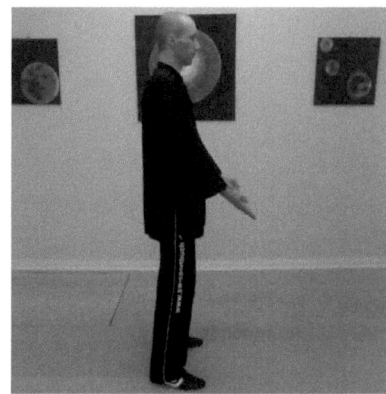

59
60 seitliche Ansicht von Bild 59

61
62 seitliche Ansicht von Bild 61

...bis die Arme gestreckt sind. Die Ellenbogen werden an den Körper gedrückt, die Vogelklauen werden geöffnet und jeweils die „Laogong-Schutzhand" (gemäß Bild 5, Seite 12) gebildet. Gleichzeitig werden die Knie wieder gestreckt und die Fersen fest aufgesetzt. (Bilder 59/60)
Die Hände bilden leichte Schöpfkellen und werden schulterbreit vor dem Körper angehoben (Bilder 61/62).

63

64

65

66

Mit den Schöpfkellen schöpfen wir frisches Qi. Auf Kopfhöhe angekommen, winkeln wir die Ellenbogen nach außen an und führen die Hände über unserem Kopf zusammen. Dabei gießen wir das eingesammelte Qi in den Scheitelpunkt „Baihui". Wir verschränken die Hände in „Gebetshaltung" ineinander und wenden dann die Innenflächen nach oben.

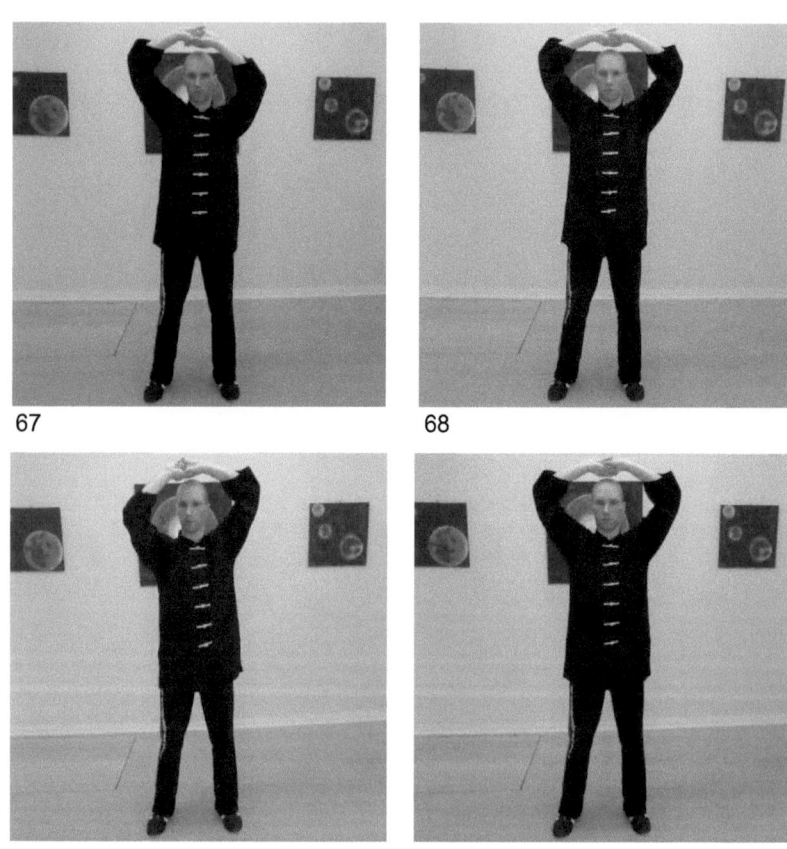

Ohne dass die über dem Kopf befindlichen Hände ihre Position verändern, wird zuerst der linke Arm und dann der rechte Arm in einer durch die Ellenbogenspitze geführten Vorwärtsbewegung im Schultergelenk gedreht. Körper und Kopf drehen dabei nicht mit. (Bilder 67 - 70)
In der Endposition des Bildes 70 dehnen wir dann die Halswirbelsäule.

71

72

73 74

Erneut wird zuerst der linke und dann der rechte Arm in einer Vorwärtsbewegung im Schultergelenk gedreht. (Bilder 71 - 72)
Dann kurz entspannen und durch Streckung der Arme nach oben dehnen wir anschließend die Brustwirbelsäule. (Bilder 73 - 74)
Nachfolgend senken wir wieder die Hände.

75

76

77

78 seitliche Ansicht von Bild 77

Zum dritten und letzten Mal wird zuerst der linke und dann der rechte Arm in einer Vorwärtsbewegung im Schultergelenk gedreht. (Bilder 75 - 76)
Dann wieder kurz entspannen, nachfolgend die Arme und Schultern nach oben strecken und gleichzeitig die Knie beugen, als wenn wir uns hinsetzen wollten. Dabei dehnen wir nun die gesamte Wirbelsäule. (Bilder 77 + 78)

79

80

81

82

Wir entspannen Schultern und Arme und winkeln dabei die Ellenbogengelenke leicht an. Gleichzeitig strecken wir die Knie. (Bild 79)
Dann strecken wir die Arme wieder über den Kopf nach oben und beugen uns mit dem Kopf zwischen den Oberarmen ganz langsam Wirbel für Wirbel nach vorne unten (Bilder 80 bis 82).

83 seitliche Ansicht von Bild 82   84

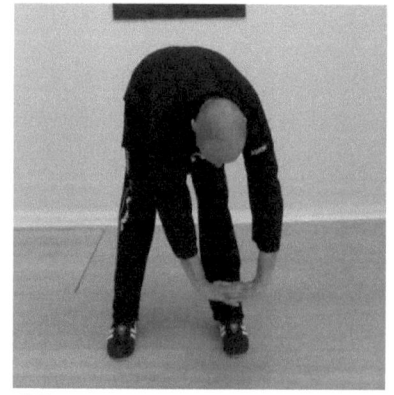

85   86

Je nach individueller Beweglichkeit berühren die Handinnenflächen bestenfalls den Boden zwischen unseren Beinen und knapp vor den Fußspitzen (Bild 83).

Dann heben wir die verschränkten Hände an und setzen sie vor die linke Fußspitze. Hier verweilen wir einen Moment in der Dehnung, bevor wir die Hände erneut anheben und zur anderen Seite bewegen. (84 - 86)

87
Wir setzen die Hände vor die rechte Fußspitze und verweilen auch hier einen Moment in der Dehnung.

88
Dann heben wir die Hände an, lösen die Verschränkung und bewegen die linke Hand zwischen unsere Beine, während die rechte Hand an der rechten Außenseite verbleibt.

89 90

Wir verlagern unser Gewicht auf den rechten Fuß, drehen den Körper nach links, bewegen bis auf einen Abstand von ca. 20-30 cm die rechte über die linke Hand und beginnen uns langsam Wirbel für Wirbel aufzurichten. Gleichzeitig drehen wir den linken Fuß auf dem Ballen mit Ausrichtung der Spitze nach links. (89-90)

91 92

Unsere Hände bilden die „Ballhaltung" und unser linker Fuß steppt in die „T-Stellung" gemäß Bild 15 auf S. 17.

„Die Ballhaltung"

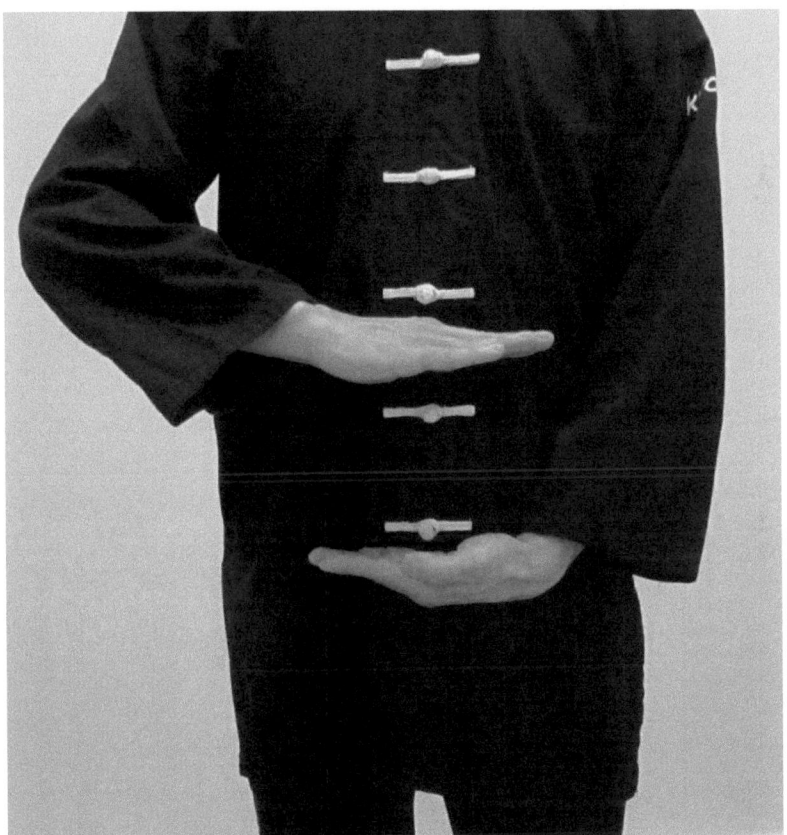

93   Nahaufnahme der Ballhaltung von den Bildern 91 + 92

Die Ballhaltung erfolgt direkt vor unserem unteren Dantian. Dabei wird die linke Hand mit dem Rücken nach unten waagerecht vor dem Unterleib platziert, während die andere Hand parallel darüber mit dem Rücken nach oben gehalten wird. Damit wird die Vorstellung verbunden, einen Energieball vor dem Unterleib zu halten.

94

95 andere Ansicht von Bild 94

96

Aus der T-Stellung machen wir mit dem linken Fuß einen Schritt nach links in die linke Bogenstellung, während wir die linke Hand in einer bogenförmigen Bewegung nach links-oben bringen.

97
In der Endstellung befindet sich das linke Handgelenk in Augenhöhe, die Ellenbogenspitze zeigt zum linken Knie, die Finger zeigen senkrecht zum Himmel und der Blick ist auf die Innenfläche gerichtet. Die rechte Hand beschreibt einen kleinen Halbkreis, wird somit umgedreht und mit der Handaußenkante schräg vor die rechte Leistenbeuge gelegt. Die Finger zeigen in einem 45°-Winkel nach schräg-unten. Wir halten einen Moment inne.

98   99

100 a. A.
Nahaufnahme
von Bild 99

Wir drehen den Oberkörper nach rechts frontal und bringen die linke Hand mit dem Rücken nach oben wie ein Dach über unseren Kopf (Bild 98). Dann bilden wir mit der linken Hand das „Tigermaul" (gem. Bild 6, S. 13) und gleiten mit diesem an unserer linken Kopfaußenseite herab (Bilder 99 + 100).

101

102

103

Ist die Hand am Kinn angekommen, schließt sich durch Anlegen des Daumens das „Tigermaul" und die Hand wird vor der Zentrallinie des Körpers bis zum unteren Dantian hinuntergeführt. Diesen Weg nimmt gedanklich auch unser Qi.

104

105

106

107

Wir bewegen die linke Hand diagonal nach links-vorne, wenden sie mit der Innenfläche nach oben und ziehen sie in einer bogenförmigen Bewegung zurück zum Körper. Dort legen wir die Handkante schräg vor die linke Leistenbeuge. Wir verlagern das Gewicht auf den linken Fuß, steppen mit dem rechten Fuß in die T-Stellung und machen einen Schritt nach rechts in die Bogenstellung.

108
Wir bringen die rechte Hand in einer bogenförmigen Bewegung nach rechts-oben. In der Endstellung befindet sich das rechte Handgelenk in Augenhöhe, die Ellenbogenspitze zeigt zum rechten Knie, die Finger zeigen senkrecht zum Himmel und der Blick ist auf die Innenfläche gerichtet. Die linke Hand liegt immer noch mit der Handaußenkante schräg vor der linken Leistenbeuge. Die Finger zeigen in einem 45°-Winkel nach schrägunten. Wir halten einen Moment inne.

109

110

111

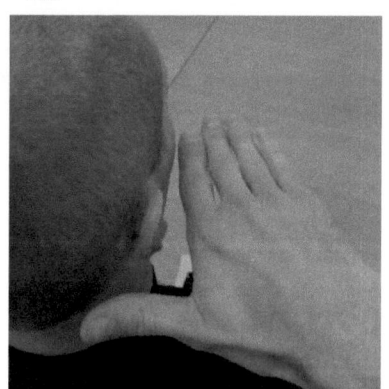
112 Nahaufnahme von Bild 111

Wir drehen den Oberkörper nach links-frontal und bringen die rechte Hand mit dem Rücken nach oben wie ein Dach über unseren Kopf (Bild 110).

Dann bilden wir mit der rechten Hand das „Tigermaul" (gem. Bild 6, S. 13) und gleiten mit diesem an unserer rechten Kopfaußenseite herab (Bilder 111 + 112). Die vier Finger sind dabei vor und der Daumen hinter dem Ohr.

113 114

Ist die rechte Hand am Kinn angekommen, schließt sich durch Anlegen des Daumens das „Tigermaul" und die Hand wird vor der Zentrallinie des Körpers bis zum unteren Dantian hinuntergeführt (Bilder 113 - 114).

115 116

Wir verlagern das Gewicht auf das linke Bein, rollen den rechten Fuß auf den Ballen hoch und drehen die Ferse nach rechts (Bild 115). Dann setzen wir ihn ab, belasten ihn und rollen den linken Fuß auf den Ballen hoch (116).

117   118

Wir heben den linken Fuß an und setzen ihn parallel zum rechten Fuß in die Neutralstellung ab. Gleichzeitig wenden wir die linke Hand um 180°, so dass sich nun beide Hände mit aufeinander zeigenden Fingern und zum Boden gerichteten Innenflächen vor dem unteren Dantian befinden. (Bild 117)
Dann drücken wir die Hände mit den Innenflächen jeweils nach außen, bis die Arme ca. 30-40° vom Körper abgewinkelt sind (Bild 118).

119

Jeweils in einer halbkreisförmigen Bewegung bringen wir die Hände nach außen und nach vorne. Dabei wird das Gesäß in einer gegensätzlichen Bewegung leicht nach hinten gestreckt.

120 121 seitliche Ansicht von Bild 120

Die Hände werden vorne mit nun zum Körper zeigenden Innenflächen zusammengeführt. Wir sammeln das Qi ein.

122 123 seitliche Ansicht von Bild 122

Wir ziehen die Hände in Richtung Körper bis ca. 15 cm vor das untere Dantian zurück und bewegen gleichzeitig auch das Gesäß in die Normalstellung. Die Knie sind leicht gebeugt. Die locker zu Tigermäulern geformten Hände bilden ein Dreieck. Die Finger zeigen schräg zu Boden und die Achseln werden frei gehalten.

124 125 seitliche Ansicht von Bild 124

Nach einem Moment des Innehaltens und des Sammelns/Speicherns von Qi im unteren Dantian heben wir die Hände leicht an und bringen sie jeweils in eine seitliche Position zum Körper.

126

4. Die Übungen der 2. Form

127

128 seitliche Ansicht von Bild 127

129

130 seitliche Ansicht von Bild 129

Wir beginnen die 2. Form in der Neutralstellung (gem. Bild 14 + Beschreibung auf Seite 16), indem wir die gestreckten Arme mit sich gegenüberliegenden Handinnenflächen schulterbreit vor dem Körper anheben (Bilder 129 + 130).

131

132 seitliche Ansicht von Bild 131

133

134 seitliche Ansicht von Bild 133

Die Arme werden bis auf Schulterhöhe angehoben. Dann drehen wir die Arme in den Schultergelenken, bis die Handinnenflächen nach unten zeigen. Der Blick ist nach vorne gerichtet.

135 136 Nahaufnahme d. Hände Bild 135

137 138

Wir bilden mit unseren Händen die „Schwertfinger" gemäß den Bilden 9 + 10 sowie der Beschreibung auf Seite 14. Dann führen wir die gestreckten Arme in Schulterhöhe jeweils nach außen, bis sie eine Linie mit den Schultern bilden. „Der Kranich breitet seine Flügel aus."

139

140

141

142

Wir beugen den linken Ellenbogen und das linke Handgelenk und ziehen so den Arm in einer wellenartigen Bewegung zu uns heran (Bild 139).

Während wir den linken Schwertfinger wellenartig in die Ausgangsstellung zurückstoßen, winkeln wir gleichzeitig den rechten Arm an. (Bilder 140 - 142)

143

144

145

146

Wir führen diese weichen und fließenden Bewegungen jeweils im Wechsel drei Mal jede Seite durch. Dabei lassen wir das Qi von den angezogenen Schwertfingern über den Nacken bis in die gestreckten Schwertfinger und zurück wandern. Wir können uns dabei einen hin und her rollenden Energieball vorstellen.

147

148

149

150

Nach der sechsten und letzten Bewegung sind die Flügel des Kranichs wieder beidseitig ausgebreitet. Unsere Hände hatten die ganze Zeit die Schwertfingerform.

151

Unsere beiden Hände bilden jeweils den Kranichkopf gemäß der Beschreibung auf Seite 15.

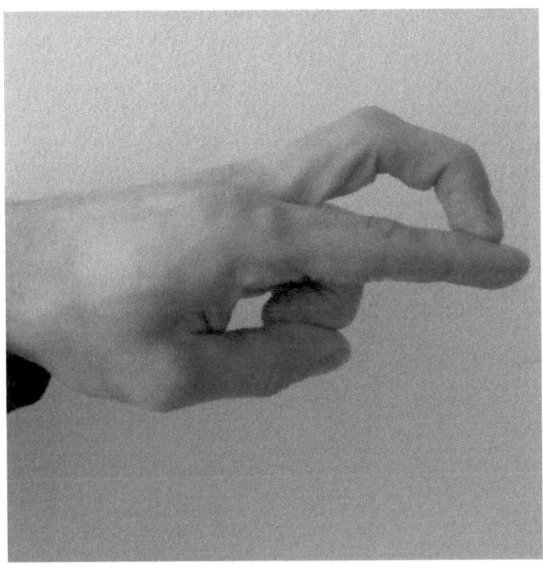

152 Nahaufnahme von Bild 151

Wir verweilen einen Moment in dieser Haltung, die eine allgemeine Entspannung herbeiführt.

153
Dann lösen wir den Kranichkopf auf und entspannen die Hände. Die Knie werden gestreckt, das Gewicht in die Vorderfüße verlagert und die Arme so gedreht, als wenn wir einen grossen Ball nach oben halten würden.

Wir gehen leicht ins Hohlkreuz, mit den Füßen auf die Zehenspitzen, legen den Kopf leicht nach hinten und schauen dabei zum Himmel. Die Handinnenflächen liegen sich gegenüber.

154 seitliche Aufnahme von Bild 153

155

156

157
Wir richten den Oberkörper beginnend vom Steißbein wieder auf, setzen die Fersen auf dem Boden ab und drehen die Arme auf Schulterhöhe mit den Handinnenflächen nach unten. Dann lassen wir die gestreckten Arme langsam an den Außenseiten des Körpers nach unten sinken. Der Blick ist dabei wieder nach vorne gerichtet. Die zuvor gestreckten Knie sind nun locker und leicht gebeugt.

158

159 seitliche Ansicht von Bild 158

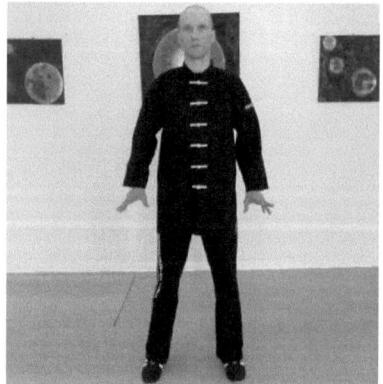
160

161

Wir winkeln die Handgelenke an und drehen die Arme jeweils nach innen, bis die Handinnenflächen zum Boden und die Fingerspitzen nach vorne zeigen (Bilder 158 + 159). Jeweils mit dem kleinen Finger beginnend werden Finger um Finger zur „Vogelklaue" (siehe Seite 11) zusammengeführt. Sie sind alle angespannt, berühren sich dabei aber nicht.

162

163 seitliche Ansicht von Bild 162

164

Wir ziehen die Vogelklauen an den Körperaußenseiten entlang bis in die Achselhöhlen hoch, <u>atmen</u> dabei <u>ein</u>, gehen durch Anheben der Fersen auf die Zehenspitzen und beugen gleichzeitig die Knie. Dabei konzentrieren wir alle unsere negative Energie in den Fingerspitzen. Auf dem höchsten Punkt angekommen, werden die Hände verbunden mit einer kraftvollen <u>Ausatmung</u> nach vorne-unten geschleudert...

165

166 seitliche Ansicht von Bild 165

167

168 seitliche Ansicht

...bis die Arme gestreckt sind. Die Ellenbogen werden an den Körper gedrückt, die Vogelklauen werden geöffnet und jeweils die „Laogong-Schutzhand" (gemäß Bild 5, Seite12) gebildet. Gleichzeitig werden die Knie wieder gestreckt und die Fersen fest aufgesetzt. (Bild165) Wir haben uns so von unserer negativen Energie befreit. Unsere Hände bilden leichte Schöpfkellen und werden schulterbreit vor dem Körper angehoben (167 + 168).

169

170

171 seitliche Ansicht von Bild 170

172

Mit den Schöpfkellen schöpfen wir frisches Qi, das wir in unser oberes Dantian (Position: zwischen den Augenbrauen, bzw. etwas darüber) „gießen". Beim Anheben <u>atmen</u> wir <u>ein</u>. Auf Kopfhöhe angekommen, winkeln wir die Ellenbogen nach außen an und bilden mit den Händen und aufeinander zeigenden Fingerspitzen ein „Dach" über und knapp vor dem Kopf. Die Handinnenflächen zeigen nach unten.

173

174

175
Wir drücken die Hände vor dem Körper bis auf Höhe des Bauchnabels nach unten, <u>atmen</u> dabei <u>aus</u> und führen so das Qi im Mittelkanal hinunter ins untere Dantian. Wir verlagern das Gewicht auf den rechten Fuß, drehen den Oberkörper nach links und begeben uns in die linke T-Stellung (gemäß Beschreibung auf S. 17, Bild 15). (Bilder 172 - 175)

176
Wir heben das linke Bein an und strecken es schräg nach links-vorne. Gleichzeitig heben wir die Arme bis auf Schulterhöhe an, um diese dann mit nach vorne gerichteten Handinnenflächen und aufeinander zeigenden Fingerspitzen nach vorne zu schieben.

177   178

Wir setzen den linken Fuß in einer staksenden Bewegung wie ein Kranich beginnend mit der Fußspitze schräg nach links-vorne ab und verlagern langsam das Gewicht auf den vorderen Fuß. Gleichzeitig mit der Gewichtsverlagerung ziehen wir die Arme jeweils zu den Außenseiten auseinander.

179

Die Arme werden weiter nach außen geführt, bis sie eine Linie mit den Schultern bilden. Dann werden die Handinnenflächen nach vorne gedreht und im gleichen Moment begeben wir uns in die linke Bogenstellung, indem wir die rechte Ferse nach außen drücken, das hintere Bein strecken und nunmehr 60% des Körpergewichtes auf dem vorderen, mit 135° angewinkeltem Bein lasten.

180

181

182

183

Wir drehen den Oberkörper nach rechts-frontal ein, winkeln den linken Ellenbogen an und bringen den linken Unterarm diagonal vor unseren Oberkörper (Bilder 180 - 181). Dann drehen wir den Oberkörper wieder nach links in die Ausgangsposition zurück und winkeln gleichzeitig den rechten Arm an, bis er eine Überkreuzposition mit dem anderen Arm diagonal vor unserem Oberkörper einnimmt (Bilder 182 - 183).

184 frontale Nahaufnahme des Bildes 183

Die Unterarme kreuzen sich auf Höhe der Handgelenke und liegen jeweils diagonal vor dem Brustkorb, ohne diesen dabei zu berühren. Die Fingerspitzen befinden sich knapp unter Schulterhöhe. Die Finger liegen dabei dicht beieinander und die Hände haben eine leichte Löffelform. Wir verweilen einen Moment in dieser Position. Durch die Schöpfbewegungen auf unseren Körper zu haben wir Qi eingesammelt und uns zugeführt.

185

186 frontale Nahaufnahme Bild 185

187

188 frontale Nahaufnahme Bild 187

Wir ziehen die linke Hand schräg nach links-unten unter dem rechten Unterarm hervor und bringen sie mit der Innenfläche unter den rechten Ellenbogen. Die linken Fingerspitzen zeigen dabei nach rechts-außen. Der linke Unterarm liegt waagerecht vor unserem Körper.

189

190 frontale Nahaufnahme Bild 189

191

192 frontale Nahaufnahme Bild 191

Wir gleiten mit der linken Hand dem rechten Unterarm außen entlang nach oben, ohne diesen dabei zu berühren.

193

Wir ziehen die Hände entgegengesetzt auseinander. Spüre dabei das Energiefeld zwischen den Händen und wie es langsam auseinander gezogen wird.

194

Wir bewegen die linke Hand weiter nach oben und die rechte Hand nach rechts-unten. Dabei werden die Hände langsam gedreht.

195
Wir strecken den linken Arm senkrecht in den Himmel, während wir mit der angewinkelten Hand ein „Dach" über unserem Kopf bilden. Dabei zeigen die Finger nach rechts und die Innenfläche nach oben.

 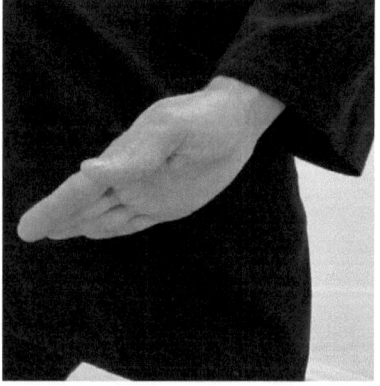

196 rückwärtige Ansicht Bild 195   197 Nahaufnahme der rechten Hand

Die rechte Hand bringen wir mit zum Boden zeigender Innenfläche vor unser Steißbein. Dies nennt man die „Himmel-Erd-Säule", da wir mit unseren Laogong zum Himmel und zur Erde Kontakt aufnehmen und es zu einer Energieaufnahme aus beiden Richtungen kommt.

198

199

200

201

Wir verlagern das Gewicht auf das vordere Bein, heben die rechte Ferse an, um den rechten Fuß mit dem Drehpunkt Ballen nach innen zu drehen. Gleichzeitig entspannen wir die Arme und bringen beide auf Schulterhöhe. Nachdem wir den rechten Fuß um ca. 100° gedreht haben, belasten wir diesen, um auch den linken Fuß auf dem Ballen, diesmal nach außen, eindrehen zu können.

202

203

204

Auf Bild 202 haben wir die Körperwendung um 180° vollständig vollzogen und befinden uns in der rechten Bogenstellung. Die Arme befinden sich mit nun nach vorne zeigenden Handinnenflächen in einer Linie mit den Schultern. Wir drehen den Oberkörper nach linksfrontal ein, winkeln den rechten Ellenbogen an und bringen den rechten Unterarm diagonal vor unseren Oberkörper.

205

206

207 frontale Nahaufnahme Bild 206

Dann drehen wir den Oberkörper wieder nach rechts in die Ausgangsposition zurück und winkeln gleichzeitig den linken Arm an, bis er eine Überkreuzposition mit dem anderen Arm diagonal vor unserem Oberkörper einnimmt. Die Unterarme kreuzen sich auf Höhe der Handgelenke und liegen jeweils diagonal vor dem Brustkorb, ohne diesen dabei zu berühren. Die Fingerspitzen befinden sich knapp unter Schulterhöhe. Die Finger liegen dabei dicht beieinander und die Hände haben eine leichte Löffelform. Wir verweilen einen Moment in dieser Position. Durch die Schöpfbewegungen auf unseren Körper zu haben wir wieder Qi eingesammelt und uns zugeführt.

208

209 frontale Nahaufnahme Bild 208

210

211 frontale Nahaufnahme Bild 210

Wir ziehen die rechte Hand schräg nach rechts-unten unter dem linken Unterarm hervor und bringen sie mit der Innenfläche unter den linken Ellenbogen. Die rechten Fingerspitzen zeigen dabei nach links-außen.

212

213 frontale Nahaufnahme Bild 212

214

215 frontale Nahaufnahme Bild 214

Wir gleiten mit der rechten Hand dem linken Unterarm außen entlang nach oben, ohne diesen dabei zu berühren.

216

Wir ziehen die Hände entgegengesetzt auseinander. Spüre dabei das Energiefeld zwischen den Händen und wie es langsam auseinander gezogen wird.

217

Wir bewegen die rechte Hand weiter nach oben und die linke Hand nach links-unten.
Dabei werden die Hände langsam gedreht.

218
Wir strecken den rechten Arm senkrecht in den Himmel, während wir mit der angewinkelten Hand ein „Dach" über unserem Kopf bilden. Dabei zeigen die Finger nach links und die Innenfläche nach oben.

219 rückwärtige Ansicht Bild 218   220 Nahaufnahme der linken Hand

Die linke Hand bringen wir mit zum Boden zeigender Innenfläche vor unser Steißbein. Dies ist wieder die „Himmel-Erd-Säule", in der wir durch unsere Laogong zum Himmel und zur Erde Kontakt aufnehmen und es zu einer Energieaufnahme aus beiden Richtungen kommt.

221

222

223

224

Wir verlagern das Gewicht auf das vordere Bein, heben die linke Ferse an, um den linken Fuß mit dem Drehpunkt Ballen um 90° nach innen zu drehen. Gleichzeitig entspannen wir die Arme und bringen beide auf Schulterhöhe. Nachdem wir den linken Fuß gedreht haben, belasten wir diesen und bringen den rechten Fuß in eine fußbreite Parallelstellung zum anderen Fuß. Mit dieser engen Fußstellung bereiten wir die 3. Form vor.

225

226 seitliche Ansicht von Bild 225

227

228 seitliche Ansicht von Bild 227

Wir lassen die Hände sinken und führen sie in einer bogenförmigen Bewegung nach vorne und zusammen. Dabei wird das Gesäß in einer gegensätzlichen Bewegung leicht nach hinten gestreckt.
Die Hände werden vorne mit nun zum Körper zeigenden Innenflächen zusammengeführt. Wir sammeln das Qi ein.

229

Wir ziehen die Hände in Richtung Körper bis ca. 15 cm vor das untere Dantian zurück und bewegen gleichzeitig auch das Gesäß in die Normalstellung. Die Knie sind leicht gebeugt.

230 seitliche Ansicht von Bild 229

Die locker zu Tigermäulern geformten Hände bilden ein Dreieck. Die Finger zeigen schräg zu Boden und die Achseln werden frei gehalten.

231

Nach einem Moment des Innehaltens und des Sammelns/ Speicherns von Qi im unteren Dantian heben wir die Hände leicht an...

232

...und bringen sie in eine seitliche Position zum Körper.

Hier endet die 2. Form.

5. Die Übungen der 3. Form

233   234 seitliche Ansicht von Bild 233

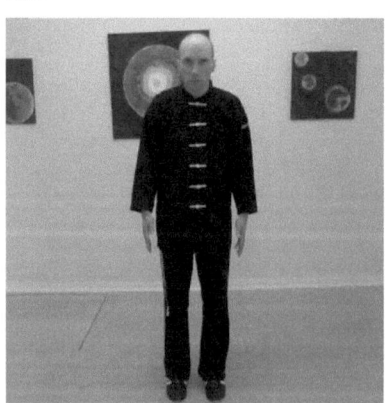

235   236 seitliche Ansicht von Bild 235

Wir starten in einer engen, fußbreiten Parallelstellung, die wir am Ende der 2. Form eingenommen hatten. Das Körpergewicht ist gleichmäßig auf beide Beine verteilt. Die Knie sind locker und leicht gebeugt. (Bilder 233+234) Wir schieben den Kopf diagonal nach schräg-vorne-unten bis wir ein leichtes Spannungsgefühl in der Halswirbelsäule spüren (Bilder 235 + 236).

237 238 seitliche Ansicht von Bild 237

239 240 seitliche Ansicht von Bild 239

Wir beugen den Kopf nach unten und ziehen dann das Kinn an den Hals heran. Unser Kinn symbolisiert den Schnabel des Kranichs, der neues Qi schöpft und durch Heranziehen dem Körper zuführt. Diese Bewegung dehnt die Halswirbelsäule sowie deren Muskulatur und entspricht dem Prinzip „Anspannung".

241

242 seitliche Ansicht von Bild 241

243

244

Wir richten den Kopf wieder in die senkrechte Normalstellung auf und beugen gleichzeitig ein wenig die Knie (Bilder 241 + 242).

Dann beginnt unter Beibehaltung der Kniebeugung alles von vorn. Wir schieben den Kopf zuerst diagonal nach schräg-vorne-unten bis wir ein leichtes Spannungsgefühl in der Halswirbelsäule spüren. Nachfolgend beugen wir den Kopf nach unten. (Bilder 243 - 244)

245 246

Wir ziehen das Kinn zum Hals heran und schöpfen so wieder neues Qi mit dem Kranichschnabel. Dann richten wir den Kopf in die senkrechte Normalstellung auf und beugen gleichzeitig noch ein wenig mehr die Knie.

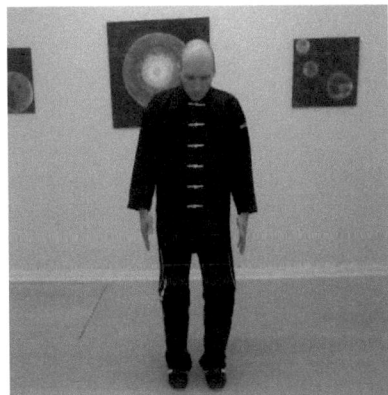 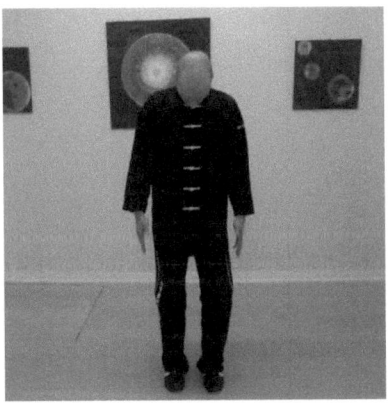

247 248

Zum dritten und letzten Mal schieben wir den Kopf diagonal nach schräg-vorne-unten und beugen ihn dann.

249

250

251

252

Wir ziehen das Kinn an den Hals heran (Bild 249). Nachfolgend richten wir den Kopf wieder in die senkrechte Normalstellung auf und beugen gleichzeitig noch ein wenig mehr die Knie (Bild 250).
Beginnend mit links neigen wir den Kopf abwechselnd drei Mal nach links und rechts. Dabei setzen wir eine schlängelnde Bewegung entlang der Wirbelsäule fort, ziehen uns nach oben und strecken gleichzeitig die Knie.

253

254

255

256

Das seitliche Kopfwiegen verbunden mit dem „Schütteln"
des Körpers lockert die Wirbelsäule und die Muskulatur.
Diese Bewegung entspricht dem Prinzip „Entspannung".

Durch den Grundsatz von Anspannung und Entspannung
im Qigong wird der Fluss des Qi im Körper begünstigt.

257

258

259

Wir drehen unsere Arme in den Schultergelenken bis die Handinnenflächen nach vorne zeigen. Unsere Hände bilden leichte Schöpfkellen und werden schulterbreit vor dem Körper angehoben. Mit den Schöpfkellen schöpfen wir frisches Qi, das wir in unser oberes Dantian (Position: zwischen den Augenbrauen, bzw. etwas darüber) „gießen". Beim Anheben <u>atmen</u> wir <u>ein</u>. Auf Kopfhöhe angekommen, winkeln wir die Ellenbogen nach außen an und bilden mit den Händen und aufeinander zeigenden Fingerspitzen ein „Dach" über und knapp vor dem Kopf. Die Handinnenflächen zeigen nach unten.

260

261

Wir drücken die Hände vor dem Körper bis auf Höhe des Bauchnabels nach unten, <u>atmen</u> dabei <u>aus</u> und führen so das Qi im Mittelkanal hinunter ins untere Dantian.

262

Die locker zu Tigermäulern geformten Hände bilden ein Dreieck vor unserem unteren Dantian. Die Innenflächen sind auf den Körper gerichtet. Die Finger zeigen schräg zu Boden und die Achseln werden frei gehalten.

263

264

265

266 seitliche Ansicht von Bild 265

Wir heben das „Dreieck" bis auf Höhe des Bauchnabels an und führen die Hände auseinanderziehend jeweils nach außen um den Körper herum ohne ihn dabei zu berühren (Bilder 263 - 264).
Wir legen die Handrücken links und rechts der Lendenwirbelsäule ab und beugen dabei die Knie, als wenn wir uns hinsetzen wollten (Bilder 265 + 266).

 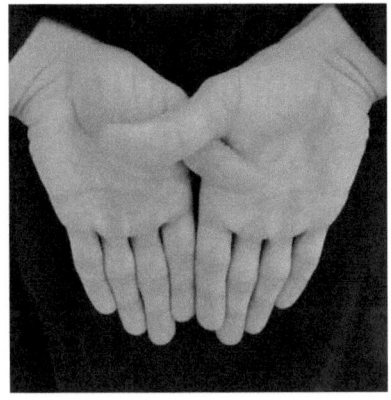

267 rückwärtige Ansicht Bild 265   268 Nahaufnahme Handhaltung

Die Hände liegen dicht beieinander, die Finger zeigen zu Boden und die Daumen kreuzen sich.

269   270

Unter Beibehaltung der gebeugten Knie beginnen wir, die Hüften im Uhrzeigersinn zu kreisen. Dabei ist es wichtig, beim Kreisen die Hüften zu entspannen.

271

272

273

274

Nachdem wir die Hüfte drei Mal im Uhrzeigersinn gedreht haben, wechseln wir die Richtung und die Drehung erfolgt drei Mal im Gegenuhrzeigersinn. Der Blick ist die ganze Zeit nach vorne gerichtet und die Atmung erfolgt im natürlichen Rhythmus des jeweils Praktizierenden.

275   276

277   278 seitliche Ansicht von Bild 277

Wir lösen die Hände von der Lendenwirbelsäule, bringen sie an den Körperaußenseiten vorbei nach vorne und heben sie mit gestreckten Armen schulterbreit vor dem Körper an. Beim Anheben mit nach unten gerichteten Handinnenflächen <u>atmen</u> wir <u>ein</u> und ziehen frisches Qi aus der Erde. Gleichzeitig strecken wir die Knie.

279

280 seitliche Ansicht von Bild 279

281

282 seitliche Ansicht von Bild 281

Die gestreckten Arme werden bis auf Schulterhöhe angehoben (Bilder 279 + 280).

Dann senken wir die Hände wieder, beugen die Knie und <u>atmen</u> dabei <u>aus</u> (Bilder 281 + 282).

283

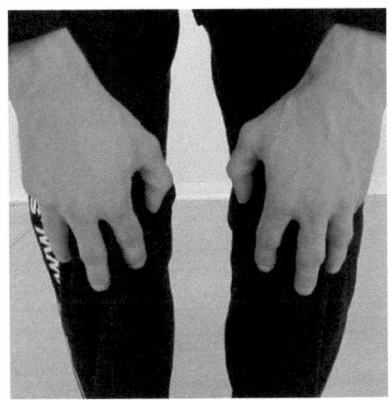

284

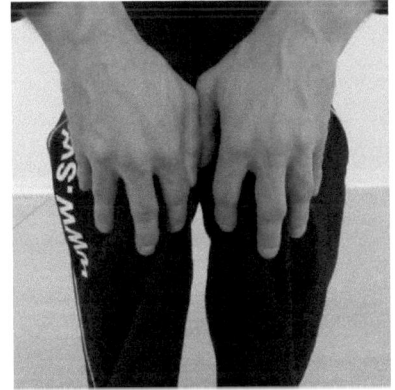

285

286 seitliche Ansicht von Bild 285

Wir legen die Hände auf die Kniescheiben und übertragen das zuvor aus der Erde gezogene Qi in die Kniegelenke. Die Hände werden nur <u>leicht</u> aufgelegt, wobei die Mittelfinger senkrecht nach unten zeigen. (Bilder 283 - 284)

Dann führen wir die Knie zusammen. (Bilder 285 + 286)

287

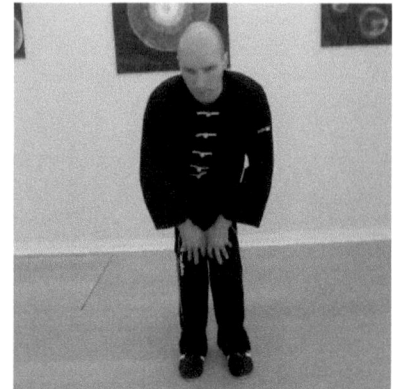
288

289

290

Wir drehen die Knie drei Mal im Uhrzeigersinn. Dabei stützen wir uns <u>nicht</u> mit den Händen auf den Knien ab. Sie liegen nur leicht auf und begleiten die kreisende Bewegung. Der Blick ist nach schräg-vorne-unten und die Aufmerksamkeit ist auf die Kniegelenke gerichtet. Die Ellenbogengelenke sind leicht gebeugt und die Spitzen der Ellenbogen zeigen jeweils nach außen.

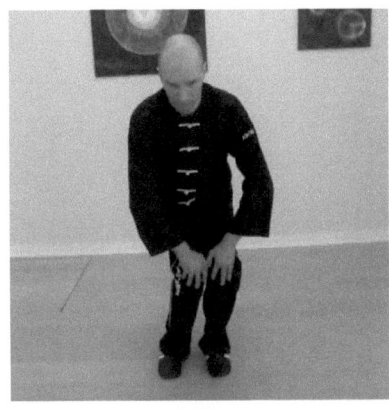
291

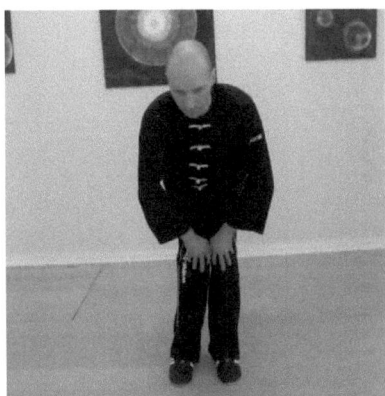
292

293

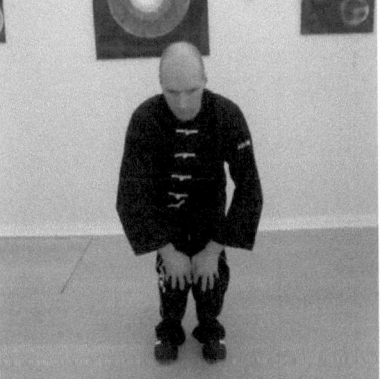
294

Wir wechseln die Richtung und drehen die gebeugten sowie sich berührenden Knie drei Mal im Gegenuhrzeigersinn. Auch hier liegen die Hände nur leicht auf und begleiten die kreisende Bewegung. Die Achseln werden frei gehalten.

295

296

297

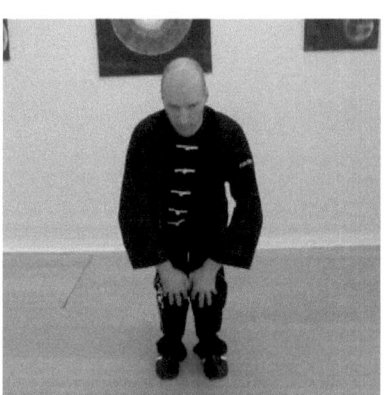
298

Anschließend drehen wir die Knie von innen nach außen: Beginnend aus der Position des Bildes 294 (Knie sind vorne, stark gebeugt und zusammen) trennen sich die Knie und werden in einer halbkreisförmigen Bewegung nach außen sowie nach hinten und dort wieder zusammen geführt (Bilder 294 - 296). Die hinten fast gestreckten Knie werden über die Mittellinie nach vorne in die Beugung geschoben (Bilder 297 - 298).

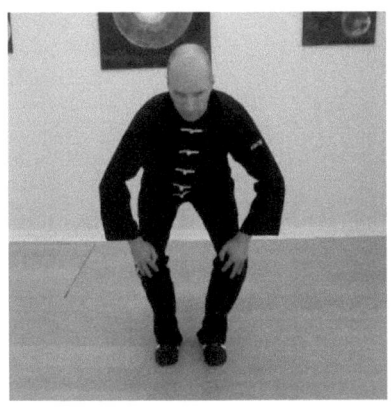 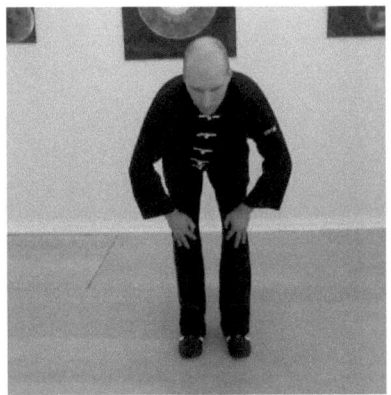

299 300

Die Knie werden erneut vorne getrennt und in einer halbkreisförmigen Bewegung nach außen sowie nach hinten und dort wieder zusammen geführt.

301

Hinten sind die zusammengeführten Knie nur noch leicht gebeugt. Die Bewegung der Bilder 294 bis 297 wird insgesamt drei Mal wiederholt.

302

303

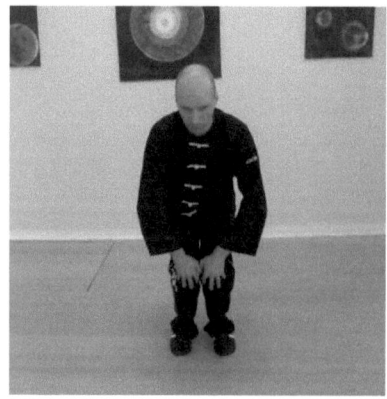

304

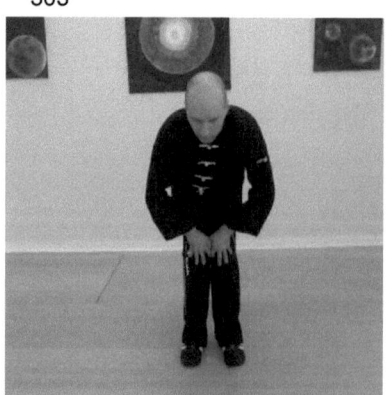

305

Anschließend drehen wir die Knie von außen nach innen: Beginnend aus der Position des Bildes 301 (Knie sind hinten, nur leicht gebeugt und zusammen) trennen sich die Knie und werden in einer halbkreisförmigen Bewegung nach außen sowie nach vorne und dort wieder zusammen geführt (Bild. 302-304). Die sich berührenden, vorne stark gebeugten Knie werden über die Mittellinie nach hinten in die Streckung geschoben (Bilder 304-305).

306

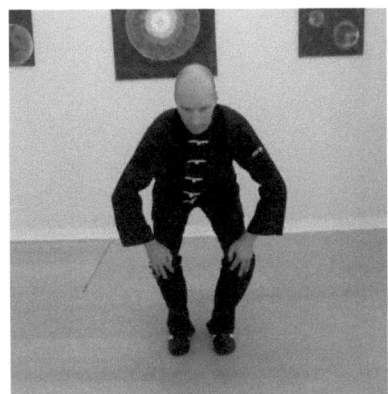
307

308

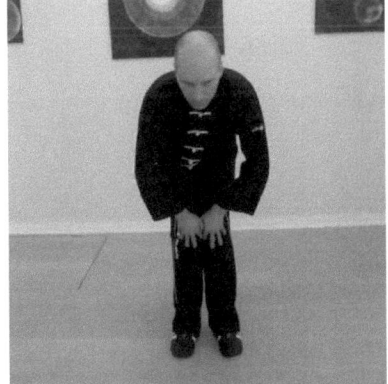
309

Die Knie werden erneut hinten getrennt und in einer halbkreisförmigen Bewegung nach außen sowie nach vorne und dort wieder zusammen geführt. Die vorne stark gebeugten Knie werden über die Mittellinie nach hinten in die Streckung geschoben. Die Bewegung der Bilder 305 bis 309 wird insgesamt drei Mal wiederholt.

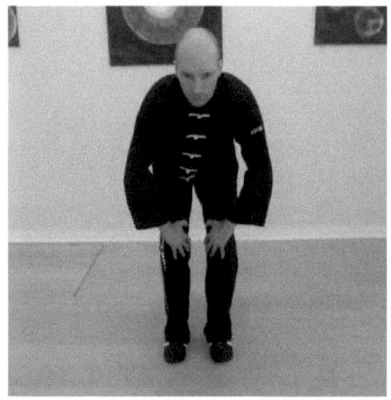

310

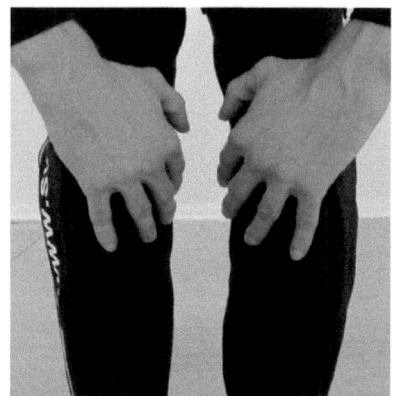

311 Nahaufnahme d. Hände Bild 310

312 seitliche Ansicht v. Bild 310

Die Knie lösen sich voneinander und die Hände werden auf den Kniescheiben um 45° gedreht, so dass nun die kleinen Finger senkrecht nach unten zeigen.

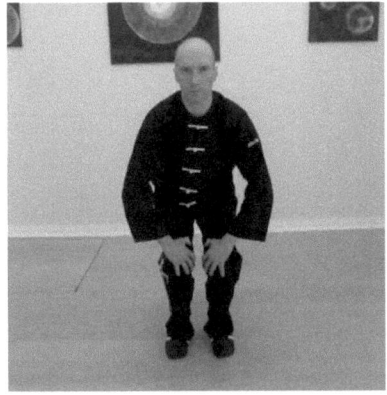
313

314 seitliche Ansicht von Bild 313

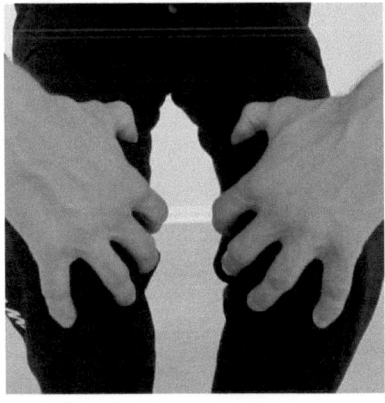
315 Handstellung Bild 313

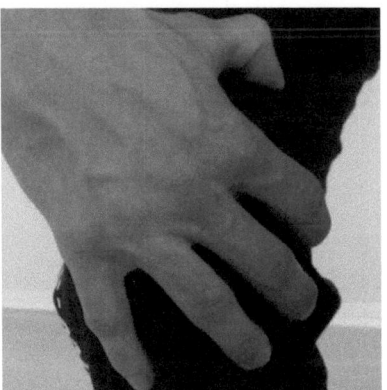
316 Nahaufnahme der rechten Hand

Wir beugen die Knie sehr stark, als wenn wir uns hinsetzen wollten. Dabei wird der Oberkörper aufgerichtet und der Blick geht nach gerade-vorne. Gleichzeitig drücken wir mit den Daumen auf die Innenseite der Oberschenkel kurz oberhalb der Kniegelenke und <u>atmen aus</u>.

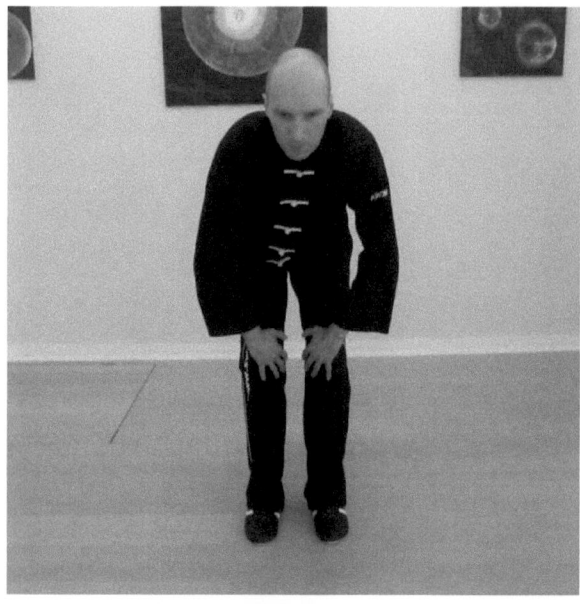

317
Wir erheben uns wieder von unserem imaginären Stuhl, strecken dabei die Knie und lösen den Daumengriff. Bei dieser Bewegung <u>atmen</u> wir <u>ein</u>. Der Blick ist nach schräg-vorne-unten gerichtet.

318

Erneut beugen wir die Knie, richten den Oberkörper auf, schauen nach gerade-vorne, drücken die Daumen auf die Innenseite der Oberschenkel und <u>atmen</u> <u>aus</u>.

319 320

321 322 seitliche Ansicht von Bild 321

Nachdem wir die Bewegungen der Bilder 313 bis 317 insgesamt drei Mal wiederholt haben, richten wir den Oberkörper langsam wieder auf, die Hände lösen sich von den Knien und werden locker hängend an die Körperaußenseiten gebracht. Wir drehen unsere Arme in den Schultergelenken bis die Handinnenflächen nach vorne zeigen. Unsere Hände bilden leichte Schöpfkellen und werden schulterbreit vor dem Körper angehoben.

323   324 seitliche Ansicht von Bild 323

325   326 seitliche Ansicht von Bild 325

Mit den Schöpfkellen schöpfen wir frisches Qi, das wir in unser oberes Dantian (Position: zwischen den Augenbrauen, bzw. etwas darüber) „gießen". Beim Anheben <u>atmen</u> wir <u>ein</u>. Auf Kopfhöhe angekommen, winkeln wir die Ellenbogen nach außen an und bilden mit den Händen und aufeinander zeigenden Fingerspitzen ein „Dach" über und knapp vor dem Kopf. Die Handinnenflächen zeigen nach unten.

327

328

329
Wir drücken die Hände vor dem Körper bis auf Höhe des Bauchnabels nach unten, <u>atmen</u> dabei <u>aus</u> und führen so das Qi im Mittelkanal hinunter ins untere Dantian. Die Ellenbogenspitzen zeigen nach außen. Die Hände werden dicht am Körper geführt, berühren ihn dabei aber nicht.

330

331 seitliche Ansicht von Bild 330

332

333 seitliche Ansicht von Bild 332

Dann drücken wir die Hände mit den Innenflächen jeweils nach außen, bis die Arme ca. 30-40° vom Körper abgewinkelt sind (Bilder 330 + 331).
Jeweils in einer halbkreisförmigen Bewegung bringen wir die Hände nach außen und nach vorne. Dabei wird das Gesäß in einer gegensätzlichen Bewegung leicht nach hinten gestreckt. (Bilder 332 + 333)

334   335 seitliche Ansicht von Bild 334

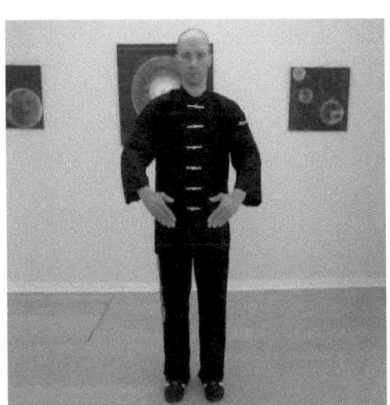

336   337

Die Hände werden vorne mit nun zum Körper zeigenden Innenflächen zusammengeführt. Wir sammeln das Qi ein. Wir ziehen die Hände in Richtung Körper bis ca. 15 cm vor das untere Dantian zurück und bewegen gleichzeitig auch das Gesäß in die Normalstellung. Die Knie sind leicht gebeugt. Die locker zu Tigermäulern geformten Hände bilden ein Dreieck. Die Finger zeigen schräg zu Boden und die Achseln werden frei gehalten.

338

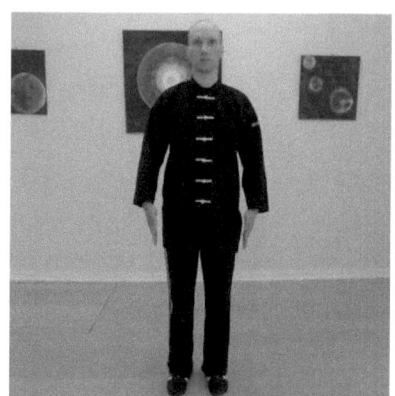
339

340

341

Nach einem Moment des Innehaltens und des Sammelns/Speicherns von Qi im unteren Dantian heben wir die Hände leicht an und bringen sie jeweils in eine seitliche Position zum Körper. Dann verlagern wir das Gewicht auf das rechte Bein, rollen den linken Fuß beginnend mit der Ferse auf den Ballen hoch, heben ihn an und setzen ihn nach links in die (schulterbreite) Neutralstellung. Hiermit ist die dritte Form beendet.

6. Die Übungen der 4. Form

342

343

344

Beginnend in der Neutralstellung drehen wir unsere Arme in den Schultergelenken bis die Handinnenflächen nach vorne zeigen. Unsere Hände bilden leichte Schöpfkellen und werden schulterbreit vor dem Körper angehoben. Mit den Schöpfkellen schöpfen wir frisches Qi, das wir in unser oberes Dantian „gießen" (Position: zwischen den Augenbrauen, bzw. etwas darüber). Beim Anheben <u>atmen</u> wir <u>ein</u>.

345

Auf Kopfhöhe angekommen, winkeln wir die Ellenbogen nach außen an und bilden mit den Händen und aufeinander zeigenden Fingerspitzen ein „Dach" über und knapp vor dem Kopf. Die Handinnenflächen zeigen nach unten.

346

347

348

Wir drücken die Hände vor dem Körper bis auf Höhe des Bauchnabels nach unten, <u>atmen</u> dabei <u>aus</u> und führen so das Qi im Mittelkanal hinunter ins untere Dantian. Die Ellenbogenspitzen zeigen nach außen. Die Hände werden dicht am Körper geführt, berühren ihn dabei aber nicht.

349

350

351

352 seitliche Ansicht von Bild 351

Wir lassen die Hände sinken, verlagern das Körpergewicht auf das rechte Bein und heben den linken Fuß unter leichter Beugung des Knies an. Gleichzeitig heben wir die gestreckten Arme mit nach unten zeigenden Handinnenflächen schulterbreit bis in Schulterhöhe an. Der linke Unterschenkel hängt senkrecht zu Boden, während die Fußspitze schräg nach unten zeigt.

Beim Anheben der Arme haben wir eingeatmet.

353   354

355 seitl. Ansicht von Bild 354

Wir lassen unsere Hände wie Flügel bis auf Bauchnabelhöhe sinken und beugen gleichzeitig das rechte Knie bis die linke Fußspitze den Boden berührt, ohne die Haltung des linken Beines mit 45°-Winkel des Oberschenkels zu verändern. „Der Kranich streift das Wasser" nur durch die absenkende Bewegung des rechten Standbeines. Dabei atmen wir aus.

356

357 seitliche Ansicht von Bild 356

358
Wir strecken das rechte Knie und heben dadurch den linken Fuß erneut an. Gleichzeitig heben wir die in der Endposition wieder gestreckten Arme mit nach unten zeigenden Handinnenflächen schulterbreit bis in Schulterhöhe an. Der linke Unterschenkel hängt senkrecht zu Boden, während die Fußspitze schräg nach unten zeigt. Der linke Oberschenkel zeigt im 45°-Winkel nach vorne-unten. Beim Anheben der Arme atmen wir ein. Der Blick ist nach vorne gerichtet.

359

360

361

„Der Kranich streift zum zweiten Mal das Wasser" durch Beugen des rechten Knies verbunden mit der <u>Ausatmung</u> (Bild 359). Dann wieder rechtes Standbein strecken, Arme anheben und dabei <u>einatmen</u> (Bilder 360 - 361).
Die Haltung des linken Beines verändert sich nicht.

362

Zum dritten und letzten Mal streift der Kranich mit der linken Fußspitze das Wasser, wobei wir die Hände wie schwingende Flügel bis in Bauchnabelhöhe sinken lassen und <u>ausatmen</u>.

363

364

Wir strecken das rechte Knie, heben die Arme bis in Schulterhöhe an und <u>atmen</u> <u>ein</u>.

365 366 seitliche Ansicht von Bild 365

Wir beugen die Ellenbogen nach unten und ziehen so die Hände auf einer Höhe in Richtung uns. Körpers zurück.

367 368 seitliche Ansicht von Bild 367

Wir strecken die Arme gerade in Schulterhöhe nach vorne und drehen sie in den Schultergelenken so, dass die Handrücken einander zugewandt sind und die Außenkanten nach oben zeigen. Das linke Knie wird ebenso gestreckt und das gesamte Bein in einem 45°-Winkel nach vorne gebracht.

369

370 seitliche Ansicht von Bild 369

371

372 seitliche Ansicht von Bild 371

Wie ein staksender Kranich setzen wir die linke Fußspitze vorne ab und ziehen sie auf dem Boden schleifend in unsere Richtung gerade zurück, bis wir den Fuß mit der Ferse in Höhe unserer rechten Fußspitze absetzen. Gleichzeitig ziehen wir unsere Arme zu den Seiten auseinander. „Der Kranich breitet seine Flügel aus."

373

374 seitliche Ansicht von Bild 373

375

376 seitliche Ansicht von Bild 375

Wir bringen die gestreckten Arme jeweils in eine Linie mit den Schultern und drehen gleichzeitig die Handinnenflächen nach unten. Unser Körpergewicht verlagern wir auf das linke Bein und heben dann den rechten Fuß durch Anwinkelung des Knies nach hinten mit nach hinten-unten zeigender Sohle an. Der rechte Oberschenkel hängt locker nach unten, während der Unterschenkel in einem ca. 45°-Winkel nach hinten zeigt.

377

378

379

380

Wir bilden auf Bild 377 mit unseren Händen die „Schwertfinger" gemäß den Bilden 9 + 10 sowie der Beschreibung auf Seite 14. Wir beugen den linken Ellenbogen und das linke Handgelenk und ziehen so den Arm in einer wellenartigen Bewegung zu uns heran (Bild 378). Während wir den linken Schwertfinger wellenartig in die Ausgangsstellung zurückstoßen, winkeln wir gleichzeitig den rechten Arm an. (Bilder 379 - 380)

381

382

383

384

Wir führen diese weichen und fließenden Bewegungen jeweils im Wechsel drei Mal jede Seite durch. Dabei lassen wir das Qi von den angezogenen Schwertfingern über den Nacken bis in die gestreckten Schwertfinger und zurück wandern. Wir können uns dabei einen hin und her rollenden Energieball vorstellen.

Dann bilden unsere beiden Hände den Kranichkopf gemäß der Beschreibung auf Seite 15 (Bild 384).

385

386 seitliche Ansicht von Bild 385

387

388 seitliche Ansicht von Bild 387

Wir lassen unsere nun wieder geöffneten Hände an den Außenseiten wie schwingende Flügel bis auf Bauchnabelhöhe sinken und beugen gleichzeitig das linke Knie bis die rechte Fußspitze den Boden berührt, ohne die Haltung des rechten Beines mit 45°-Winkel des Unterschenkels zu verändern. „Der Kranich streift das Wasser" nur durch die absenkende Bewegung des linken Standbeines. Dabei <u>atmen</u> wir <u>aus</u>.

389 390 seitliche Ansicht von Bild 389

391 392

Wir strecken das linke Standbein und heben so den gesamten Körper sowie das rechte Bein wieder an (Bilder 387 + 388 bis 389 + 390). Dabei <u>atmen</u> wir <u>ein</u>.

Insgesamt drei Mal „streift der Kranich mit der rechten Fußspitze das Wasser", wobei wir die Hände bis in Bauchnabelhöhe sinken lassen, das Standbein beugen und <u>ausatmen</u>.

393

394

395

396

Haben wir nach dem dritten Durchgang die Position des Bildes 394 mit gestrecktem linken Standbein erreicht, lassen wir die gestreckten Arme an den Außenseiten sinken. „Der Kranich legt seine Flügel an." (Bilder 395 - 396)
Das rechte Bein bleibt angewinkelt und angehoben.

397

398 seitliche Ansicht von Bild 397

399

400 seitliche Ansicht von Bild 399

Wir drehen die Arme der „angelegten Flügel" in den Schultergelenken, bis die Handrücken nach vorne zeigen, und heben dann die gestreckten Arme schulterbreit vor unserem Körper bis in Schulterhöhe an. Gleichzeitig bringen wir das rechte Bein im Hüftgelenk nach vorne, bis der Oberschenkel in einem Winkel von ca. 45° nach vorne-unten zeigt und der Unterschenkel senkrecht nach unten hängt.

401 seitliche Ansicht   402

403
seitliche Ansicht
von Bild 402

Wir lassen unsere Hände wie Flügel bis auf Bauchnabelhöhe sinken und beugen gleichzeitig das linke Knie bis die rechte Fußspitze den Boden berührt, ohne die Haltung des rechten Beines mit 45°-Winkel des Oberschenkels zu verändern. „Der Kranich streift das Wasser" nur durch die absenkende Bewegung des linken Standbeines. Dabei <u>atmen</u> wir <u>aus</u>.

404

405 seitliche Ansicht von Bild 404

406

407 seitliche Ansicht von Bild 406

Wir strecken das linke Knie und heben dadurch den rechten Fuß wieder an. Gleichzeitig heben wir die Arme in einer wellenartigen Bewegung mit nach unten zeigenden Handinnenflächen schulterbreit bis in die Streckung in Schulterhöhe an. Beim Anheben der Arme <u>atmen</u> wir <u>ein</u>. Der Blick ist nach vorne gerichtet.

Der Kranich streift das Wasser mit der rechten Fußspitze gemäß den Bildern 401 - 407 insgesamt drei Mal.

408

409 seitliche Ansicht von Bild 408

410

411 seitliche Ansicht von Bild 410

Wir beugen die Ellenbogen nach unten und ziehen so die Hände auf einer Höhe in Richtung unseres Körpers zurück (Bilder 408 + 409). Dann strecken wir die Arme gerade in Schulterhöhe nach vorne und drehen sie in den Schultergelenken so, dass die Handrücken einander zugewandt sind und die Außenkanten nach oben zeigen. Das rechte Knie wird ebenso gestreckt und das gesamte Bein in einem 45°-Winkel nach vorne gebracht.

412

413 seitliche Ansicht von Bild 412

414

415 seitliche Ansicht von Bild 414

Wie ein staksender Kranich setzen wir die rechte Fußspitze vorne ab und ziehen sie auf dem Boden schleifend in unsere Richtung gerade zurück, bis wir den Fuß mit der Ferse in Höhe unserer linken Fußspitze absetzen. Gleichzeitig ziehen wir unsere Arme zu den Seiten auseinander. „Der Kranich breitet seine Flügel aus."

416

417 seitliche Ansicht von Bild 416

418

419 seitliche Ansicht von Bild 418

Wir bringen die gestreckten Arme jeweils in eine Linie mit den Schultern und drehen gleichzeitig die Handinnenflächen nach unten. Unser Körpergewicht verlagern wir auf das rechte Bein und heben dann den linken Fuß durch Anwinkelung des Knies nach hinten mit nach hinten-unten zeigender Sohle an. Der linke Oberschenkel hängt locker nach unten, während der Unterschenkel in einem ca. 45°-Winkel nach hinten zeigt.

420

421

422

423

Wir bilden auf Bild 420 mit unseren Händen die „Schwertfinger" gemäß den Bilden 9 + 10 sowie der Beschreibung auf Seite 14. Wir beugen den linken Ellenbogen und das linke Handgelenk und ziehen so den Arm in einer wellenartigen Bewegung zu uns heran (Bild 421). Während wir den linken Schwertfinger wellenartig in die Ausgangsstellung zurückstoßen, winkeln wir gleichzeitig den rechten Arm an. (Bilder 422 - 423)

424

425

426

427

Wir führen diese weichen und fließenden Bewegungen jeweils im Wechsel drei Mal jede Seite durch. Dabei lassen wir das Qi von den angezogenen Schwertfingern über den Nacken bis in die gestreckten Schwertfinger und zurück wandern. Wir können uns dabei einen hin und her rollenden Energieball vorstellen.

Dann bilden unsere beiden Hände den Kranichkopf gemäß der Beschreibung auf Seite 15 (Bild 427).

428
429 seitliche Ansicht von Bild 428

430
431 seitliche Ansicht von Bild 430

Wir lassen unsere nun wieder geöffneten Hände an den Außenseiten flügelähnlich bis auf Bauchnabelhöhe sinken und beugen gleichzeitig das rechte Knie, bis die linke Fußspitze den Boden berührt, ohne die Haltung des linken Beines mit 45°-Winkel des Unterschenkels zu verändern. „Der Kranich streift das Wasser" nur durch die absenkende Bewegung des rechten Standbeines. Dabei atmen wir aus.

432

433 seitliche Ansicht von Bild 432

434

435 seitliche Ansicht von Bild 434

Wir strecken das rechte Standbein und heben so den gesamten Körper sowie das linke Bein wieder an. Dabei <u>atmen</u> wir <u>ein</u>.

Insgesamt drei Mal „streift der Kranich mit der linken Fußspitze das Wasser", wobei wir die Hände wie schwingende Flügel bis in Bauchnabelhöhe sinken lassen, das Standbein beugen und <u>ausatmen</u>.

436

437

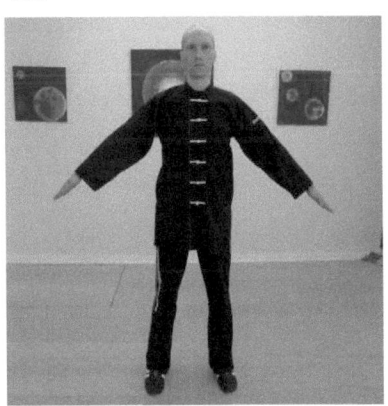
438

439

Haben wir nach dem dritten Durchgang die Position des Bildes 434 mit gestrecktem rechtem Standbein erreicht, setzen wir den linken Fuß beginnend mit dem Ballen abrollend schulterbreit ab, verlagern das Körpergewicht auf beide Beine und lassen die gestreckten Arme an den Außenseiten sinken. „Der Kranich legt seine Flügel an." Der Blick ist nach vorne gerichtet.

440

441

442

Wir drehen unsere Arme in den Schultergelenken bis die Handinnenflächen nach vorne zeigen. Unsere Hände bilden leichte Schöpfkellen und werden schulterbreit vor dem Körper angehoben. Mit den Schöpfkellen schöpfen wir frisches Qi, das wir in unser oberes Dantian (Position: zwischen den Augenbrauen, bzw. etwas darüber) „gießen". Beim Anheben <u>atmen</u> wir <u>ein</u>. Auf Kopfhöhe angekommen, winkeln wir die Ellenbogen nach außen an und bilden mit den Händen und aufeinander zeigenden Fingerspitzen ein „Dach" über und knapp vor dem Kopf. Die Handinnenflächen zeigen nach unten.

443

444

Wir drücken die Hände vor dem Körper bis auf Höhe des Bauchnabels nach unten, <u>atmen</u> dabei <u>aus</u> und führen so das Qi im Mittelkanal hinunter ins untere Dantian. Die Ellenbogenspitzen zeigen nach außen. Die Hände werden dicht am Körper geführt, berühren ihn dabei aber nicht.

445

446 seitliche Ansicht von Bild 445

447

448

Dann drücken wir die Hände mit den Innenflächen jeweils nach außen, bis die Arme ca. 30-40° vom Körper abgewinkelt sind (Bilder 445 + 446).

Jeweils in einer halbkreisförmigen Bewegung bringen wir die Hände nach außen und nach vorne. Dabei wird das Gesäß in einer gegensätzlichen Bewegung leicht nach hinten gestreckt. (Bilder 447 - 448)

449 seitliche Ansicht von Bild 448   450

451
seitliche Ansicht von Bild 450

Die Hände werden vorne mit nun zum Körper zeigenden Innenflächen zusammengeführt. Wir sammeln das Qi ein. Wir ziehen die Hände in Richtung Körper bis ca. 15 cm vor das untere Dantian zurück und bewegen gleichzeitig auch das Gesäß in die Normalstellung. Die Knie sind leicht gebeugt. Die locker zu Tigermäulern geformten Hände bilden ein Dreieck. Die Finger zeigen schräg zu Boden und die Achseln werden frei gehalten.

452   453

Nach einem Moment des Innehaltens und des Sammelns/Speicherns von Qi im unteren Dantian in der Position des Bildes 450 heben wir die Hände leicht an und bringen sie jeweils in eine seitliche Position zum Körper. Hiermit ist die vierte Form beendet.

<u>Grundsätzliches zur Laogong-Atmung bei der 4. Form:</u>
Bei der schwingenden, flügelähnlichen Abwärtsbewegung unserer Arme (der „Kranichflügel") atmen wir durch die Laogong-Punkte unserer Hände (siehe Seite 12) verbrauchtes, trübes Qi aus und nehmen bei der entgegengesetzten Aufwärtsbewegung frisches Qi auf.

7. **Die Übungen der 5. Form**

454   455 seitliche Ansicht von Bild 454

456   457 seitliche Ansicht von Bild 456

Wir beginnen die 5. Form in der Neutralstellung, indem wir die Arme in den Schultergelenken so drehen, dass die Handinnenflächen nach vorne zeigen. Unsere Hände bilden leichte Schöpfkellen und wir heben die gestreckten Arme schulterbreit vor dem Körper an.

458

459 seitliche Ansicht von Bild 458

460

461 seitliche Ansicht von Bild 460

Mit den Schöpfkellen schöpfen wir frisches Qi, das wir in unser oberes Dantian (Position: zwischen den Augenbrauen, bzw. etwas darüber) „gießen". Beim Anheben <u>atmen</u> wir <u>ein</u>. Auf Kopfhöhe angekommen, winkeln wir die Ellenbogen nach außen an und bilden mit den Händen und aufeinander zeigenden Fingerspitzen ein „Dach" über und knapp vor dem Kopf. Die Handinnenflächen zeigen nach unten.

462

463

464

465

Wir drücken die Hände vor dem Körper bis auf Höhe des Bauchnabels nach unten, <u>atmen</u> dabei <u>aus</u> und führen so das Qi im Mittelkanal hinunter ins untere Dantian. Die Ellenbogenspitzen zeigen nach außen. Die Hände werden dicht am Körper geführt, berühren ihn dabei aber nicht. In Bauchnabelhöhe angekommen, lassen wir die Hände sinken und drehen sie dabei so, dass die Innenflächen auf unseren Körper zeigen.

466

467

468

469 seitliche Ansicht von Bild 468

Wir drehen unseren Oberkörper nach links und schauen weit möglichst über unsere linke Schulter. Gleichzeitig schwingen wir unseren linken Arm hinter unseren Rücken und schlagen leicht mit dem Handrücken auf die Lendenwirbelsäule, während wir den rechten Arm an der rechten Körperaußenseite nach oben schwingen. In der Endposition zeigt die rechte Handinnenfläche nach schräg-oben und die Ellenbogenspitze nach unten.

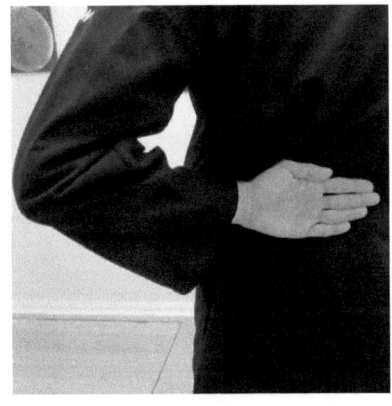

470 Nahaufnahme von Bild 469

471

472

473

Nach einem kurzen Innehalten in der Position des Bildes 468 und der Aufnahme kosmischer Energie durch unseren rechten Laogong leiten wir die entgegengesetzte Bewegung ein. Wir lassen die Hände sinken und drehen den Oberkörper zügig nach rechts. Unsere Fußstellung wird weiterhin unverändert beibehalten.

 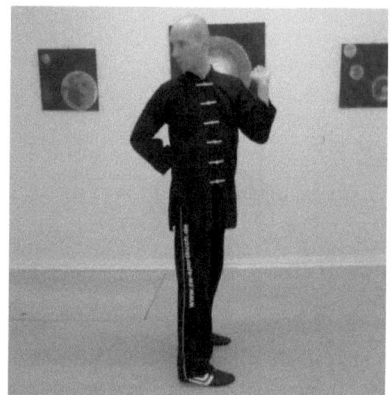

474 475 seitliche Ansicht von Bild 474

Wir schauen weit möglichst über unsere rechte Schulter. Gleichzeitig schwingen wir unseren rechten Arm hinter unseren Rücken und schlagen leicht mit dem Handrücken auf die Lendenwirbelsäule, während wir den linken Arm an der linken Körperaußenseite anwinkelnd nach oben schwingen und die Hand mit einem Ruck in Schulterhöhe abknicken. In der Endposition zeigt die linke Handinnenfläche nach schräg-oben und die Ellenbogenspitze senkrecht nach unten.

Wir halten kurz inne und nehmen durch unseren linken, zum Himmel gerichteten Laogong kosmische Energie auf. In dieser Stellung der maximalen Eindrehung findet gleichzeitig eine Dehnung statt (Prinzip „Anspannung"). Durch das Anspannen und nachfolgende Entspannen machen wir die Energieleitbahnen (Meridiane) unseres Körpers durchlässig und pumpen durch sie das vorhandene und neu aufgenommen Qi (die „Lebensenergie"). Die Drehbewegungen werden jeweils drei Mal pro Seite im Wechsel ausgeführt.

476

477

478

479

Nach der sechsten und letzten Drehbewegung lassen wir die Hände sinken und drehen uns wieder in die frontale Neutralstellung zurück. Wir heben die Hände an und setzen sie rechts und links mit dem Daumen jeweils nach hinten auf die Hüfte.

480

481

482

483 seitliche Ansicht von Bild 482

Wir verlagern das Körpergewicht auf das rechte Bein und rollen den linken Fuß beginnend mit der Ferse auf den Ballen hoch. Dann heben wir das linke Bein nach vorne an, bis sich der Oberschenkel in einem 45°-Winkel zum Boden befindet und der Unterschenkel locker nach unten hängt. Der Fuß zeigt locker nach schräg-unten.

484

485 seitliche Ansicht von Bild 484

486

487 seitliche Ansicht von Bild 486

Wir strecken das linke Knie, ohne dabei die Position des Oberschenkels zu verändern, so dass nun das komplett gestreckte Bein inkl. Fuß im 45°-Winkel nach vorne-unten zeigt (Bilder 484 + 485).

Dann ziehen wir den Fuß in Richtung Schienbein an (Bilder 486 + 487). Alles andere bleibt zunächst unverändert.

488

489 seitliche Ansicht von Bild 488

490

491 seitliche Ansicht von Bild 490

Wir winkeln das erhobene linke Bein an, indem wir das Knie beugen bis der Unterschenkel senkrecht zu Boden hängt (Bilder 488 + 489). Der Fuß bleibt unverändert in Richtung Schienbein angezogen. Dann strecken wir das Bein mit einer kickenden Bewegung in die Ausgangsstellung zurück (Bilder 490 + 491). Dabei üben wir einen schiebenden Druck mit der Ferse aus.

492

493

494 seitliche Ansicht von Bild 493

Wir drehen den linken Fuß im Sprunggelenk zunächst drei Mal im Uhrzeigersinn und nachfolgend drei Mal in der Gegenrichtung.

495

496 seitliche Ansicht von Bild 495

497

498

Nach der insgesamt sechsten Drehung entspannen wir den Fuß und setzen ihn wieder in der schulterbreiten Normalstellung ab, indem wir zuerst die Fußspitze absetzen und dann den Fuß auf die komplette Sohle abrollen.

499

500

501

502 seitliche Ansicht von Bild 501

Wir verlagern das Körpergewicht zunächst auf beide Beine (Bild 499) und dann nachfolgend auf das linke Bein (Bild 500), um den rechten Fuß beginnend mit der Ferse auf den Ballen hochzurollen.

Dann heben wir das rechte Bein nach vorne an, bis sich der Oberschenkel in einem 45°-Winkel zum Boden befindet und der Unterschenkel locker nach unten hängt. Der Fuß zeigt ebenfalls locker nach schräg-unten.

503   504 seitliche Ansicht von Bild 503

505   506 seitliche Ansicht von Bild 505

Wir strecken das rechte Knie, ohne dabei die Position des Oberschenkels zu verändern, so dass nun das komplett gestreckte Bein inklusive Fuß im 45°-Winkel nach vorne-unten zeigt (Bilder 503 + 504).

Dann ziehen wir den Fuß in Richtung Schienbein an (Bilder 505 + 506). Alles andere bleibt zunächst unverändert.

507

508 seitliche Ansicht von Bild 507

509

510 seitliche Ansicht von Bild 509

Wir winkeln das erhobene, rechte Bein an, indem wir das Knie beugen bis der Unterschenkel senkrecht zu Boden hängt (Bilder 507 + 508). Der Fuß bleibt unverändert in Richtung Schienbein angezogen. Dann strecken wir das Bein mit einer kickenden Bewegung in die Ausgangsstellung zurück (Bilder 509 + 510). Dabei üben wir einen schiebenden Druck mit der Ferse aus.

511

512

513 seitliche Ansicht von Bild 512

Wir drehen den rechten Fuß im Sprunggelenk zunächst drei Mal im Uhrzeigersinn und nachfolgend drei Mal in der Gegenrichtung.

514   515 seitliche Ansicht von Bild 514

516   517

Nach der insgesamt sechsten Drehung entspannen wir den Fuß und setzen ihn wieder in der schulterbreiten Normalstellung ab, indem wir zuerst die Fußspitze absetzen und dann den Fuß auf die komplette Sohle abrollen. Das Körpergewicht wird auf beide Beine verteilt. Nun beginnt alles erneut bei Bild 481, insgesamt drei Mal je Seite im Wechsel.

518

519

520

521

Unsere Hände lösen sich von unseren Hüften und wir beginnen die Arme im Uhrzeigersinn zu kreisen, indem wir die Arme mit den Fingerspitzen zunächst nach links-unten strecken. Dabei ist der linke Ellenbogen locker gestreckt und der rechte Arm wird angewinkelt. Die Handinnenflächen sind zunächst nach hinten gerichtet, werden jedoch im Laufe der kreisenden Bewegung nach vorne gedreht.

522

523

524

525

Die Arme werden weiter gekreist, bis sie beide senkrecht über unseren Kopf gestreckt sind. Dann geht es auf der rechten Seite weiter abwärts. Die Handinnenflächen werden nach hinten gedreht. Nun bleibt der rechte Ellenbogen locker gestreckt und der linke Arm wird angewinkelt gekreist. Der Kreis wird weiter nach unten vollzogen, wobei wir den Oberkörper Wirbel für Wirbel nach vorne-unten beugen.

526

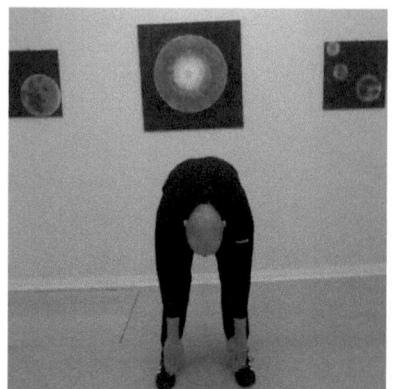

527

528

529

Wenn alle Fingerspitzen auf unsere Füße gerichtet sind (Bild 527) haben wir den tiefsten Punkt erreicht. Dann drehen wir die Arme nach links-aufwärts und richten unseren Oberkörper Wirbel für Wirbel gerade wieder auf. Die kreisende Bewegung der Arme im Uhrzeigersinn mit Vorbeugen (dabei <u>ausatmen</u>) und wieder Aufrichten (dabei <u>einatmen</u>) unseres Oberkörpers wird drei Mal ausgeführt.

530

531

532

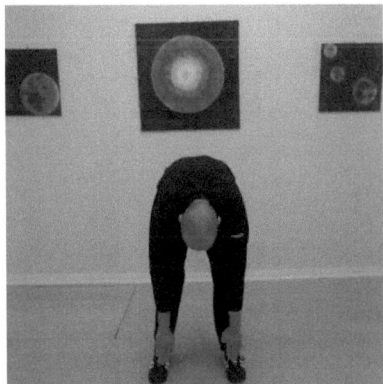

533

Nach der dritten Drehbewegung in der einen Richtung erfolgt die Einleitung der Drehbewegung im Gegenuhrzeigersinn ab Bild 530. Es geht auf der linken Seite abwärts. Die Handinnenflächen werden nach hinten gedreht. Der linke Ellenbogen bleibt locker gestreckt und der rechte Arm wird angewinkelt gekreist. Der Kreis wird weiter nach unten vollzogen, wobei wir den Oberkörper Wirbel für Wirbel nach vorne-unten beugen.

534

535

536

537

Wenn alle Finger auf unsere Füße gerichtet sind (Bild 533) haben wir den tiefsten Punkt erreicht. Wir drehen die Arme nach rechts-aufwärts und richten unseren Oberkörper Wirbel für Wirbel auf. Die Handinnenflächen werden bis Bild 535 nach vorne gewendet und drehen dann weiter mit. Die kreisende Bewegung der Arme im Gegenuhrzeigersinn mit Vorbeugen und wieder Aufrichten unseres Oberkörpers wird drei Mal ausgeführt.

538

539

540

541

Sind wir mit unseren Armen nach der insgesamt sechsten Drehung auf der linken Seite angekommen, lösen sich unsere Finger voneinander, werden leicht gebeugt und „saugen" das Qi bei der Zugbewegung vor unseren Körper auf. Die Hände werden entspannt jeweils links und rechts auf die Körperseiten gebracht, wo sie locker in der Neutralstellung herab hängen.

542

543 seitliche Ansicht von Bild 542

544

545 seitliche Ansicht von Bild 544

Wir drehen die Arme in den Schultergelenken, so dass die Handinnenflächen nach vorne zeigen. Unsere Hände bilden leichte Schöpfkellen und wir heben die gestreckten Arme schulterbreit vor dem Körper an.

546 547 seitliche Ansicht von Bild 546

Mit den Schöpfkellen schöpfen wir frisches Qi, das wir in unser oberes Dantian (Position: zwischen den Augenbrauen, bzw. etwas darüber) „gießen". Beim Anheben <u>atmen</u> wir <u>ein</u>.
Auf Kopfhöhe angekommen, winkeln wir die Ellenbogen nach außen an und bilden mit den Händen und aufeinander zeigenden Fingerspitzen ein „Dach" über und knapp vor dem Kopf. Die Handinnenflächen zeigen nach unten.

548

549

550

551 seitliche Ansicht von Bild 550

Wir drücken die Hände vor dem Körper bis auf Höhe des Bauchnabels nach unten, <u>atmen</u> dabei <u>aus</u> und führen so das Qi im Mittelkanal hinunter ins untere Dantian. Die Ellenbogenspitzen zeigen nach außen. Die Hände werden dicht am Körper geführt, berühren ihn dabei aber nicht. Dann drücken wir die Hände mit den Innenflächen jeweils nach außen, bis die Arme ca. 30-40° vom Körper abgewinkelt sind (Bilder 550 + 551).

552

553 seitliche Ansicht von Bild 552

554

555 seitliche Ansicht von Bild 554

Jeweils in einer halbkreisförmigen Bewegung bringen wir die Hände nach außen und nach vorne. Dabei wird das Gesäß in einer gegensätzlichen Bewegung leicht nach hinten gestreckt.

556

557

558 seitliche Ansicht von Bild 557

559

Die Hände werden vorne mit nun zum Körper zeigenden Innenflächen zusammengeführt. Wir sammeln das Qi ein. Wir ziehen die Hände in Richtung Körper bis ca. 15 cm vor das untere Dantian zurück und bewegen gleichzeitig auch das Gesäß in die Normalstellung. Die Knie sind leicht gebeugt. Die locker zu Tigermäulern geformten Hände bilden ein Dreieck. Die Finger zeigen schräg zu Boden und die Achseln werden frei gehalten.

560 561

562 563

Nach einem Moment des Innehaltens und des Sammelns/Speicherns von Qi im unteren Dantian in der Position des Bildes 557/558 heben wir die Hände leicht an und bringen sie jeweils in eine seitliche Position zum Körper (Bilder 559 - 561). Dann verlagern wir das Gewicht auf das rechte Bein, rollen den linken Fuß beginnend von der Ferse auf den Ballen hoch und setzen ihn in die Ausgangsstellung gem. Bild 13 auf S.16 zurück.

8. Buchempfehlungen

„Die 8 Brokate - Qigong by Stefan Wahle"

Sonderedition mit Farbfotos auf Spezialfotopapier

von
Stefan Wahle

ISBN 978-3-8391-9804-9

zu beziehen über den Buchhandel oder **www.amazon.de**

Die 8 Brokate werden mit über 150 Farbfotos im Detail dargestellt. Jeder kleine Zwischenschritt dieser beliebten Qigong-Form ist erkennbar und auch für Anfänger nachvollziehbar. Ergänzt wird das Ganze durch ausführlich erklärende Texte. Der Autor ist Mitglied im Taijiquan & Qigong Netzwerk Deutschland e.V..

Paperback, über 150 Farb-Fotos

Verlag BoD Norderstedt

„Die 24er Pekingform Taijiquan by Stefan Wahle"

- Meditation in Bewegung -

ISBN 978-3-8423-8185-8

zu beziehen über den Buchhandel oder über
www.amazon.de

Die 24er Pekingform Taijiquan im Yang-Stil wird mit über 200 Fotos im Detail dargestellt. Jeder kleine Zwischenschritt dieser beliebten Taiji-Form ist erkennbar und auch für Anfänger nachvollziehbar. Ergänzt wird das Ganze durch ausführlich erklärende Texte. Die Pekingform ist ideal, um einen ersten Einstieg ins Taiji sowie Harmonie von Körper, Geist und Seele zu finden. Der Autor ist Mitglied im Taijiquan & Qigong Netzwerk Deutschland e.V..

Paperback, über 200 Fotos

Verlag BoD Norderstedt

„Das Spiel der 5 Tiere Qigong by Stefan Wahle"

ISBN 978-3-8423-8191-9

zu beziehen über den Buchhandel oder über
www.amazon.de

Das Spiel der 5 Tiere wird mit über 300 Fotos im Detail dargestellt. Jeder kleine Zwischenschritt dieser beliebten Qigong-Form ist erkennbar und auch für Anfänger nachvollziehbar. Ergänzt wird das Ganze durch ausführlich erklärende Texte. Dieses Buch ist ein offizielles Lehrbuch der Sawah® Qigong und Taijiquan Gesellschaft. Der Autor ist Mitglied im Taijiquan & Qigong Netzwerk Deutschland e.V..

Paperback, über 300 Fotos

Verlag BoD Norderstedt

„Konzept zur Durchführung eines krankenkassengeförderten Präventionskurses"

- Ein Trainerleitfaden -

ISBN 978-3-7347-4756-4

zu beziehen über den Buchhandel oder über
www.amazon.de

Dieses Kurskonzept wurde ursprünglich für die BSA-Akademie für die Entspannungstrainerausbildung entwickelt und findet nun bei der Sawah® Qigong und Taijiquan Gesellschaft Anwendung. Es wurde ein krankenkassengeförderter, achtwöchiger Gesundheitskurs entwickelt, in dem beispielhaft eine Qigong-Form vermittelt werden soll. Das Konzept ist auch auf Yoga, Taijiquan oder progressive Relaxation übertragbar und beinhaltet alle konzeptionellen Voraussetzungen für eine Krankenkassenanerkennung als Präventionsangebot. Mit diesem Konzept wurde bereits bei den gesetzlichen Krankenkassen AOK, Barmer, Techniker Krankenkasse, DAK und der Zentralstelle der BKK erfolgreich eine Zertifizierung als Präventionsangebot erlangt. Es kann somit als Vorlage verwendet werden.

Der Autor ist Mitglied im Taijiquan & Qigong Netzwerk Deutschland e.V.. Seine Qigong-Kurse sind von diversen gesetzlichen Krankenkassen als Präventionsmaßnahmen zertifiziert.

Paperback, 60 Seiten, viele Fotos

Verlag BoD Norderstedt

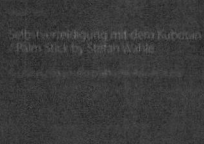

3. Platz bei den German Taijiquan Open 2012 in Hannover.
Die GTO 2012 waren die ersten offiziellen Meisterschaften für Taijiquan in Deutschland, getragen von folgenden Verbänden und Organisationen:
- Taijiquan und Qigong Netzwerk Deutschland,
- Chen Stil Taijiquan Netzwerk Deutschland,
- Taiji Europa und
- Wu Wei Hamburg.

9. Über den Autor

Trainerqualifikationen und Graduierungen
- Entspannungstrainer, Note 1
- Trainer für Sportrehabilitation, Note 1
- Fitnesstrainer B-Lizenz, Note 1
- Lehrer für Qigong, zertifiziert durch TQN + DDQT
- Lehrbefähigungsnachweis Ju-Jutsu, 1990
- Prüferlizenz Ju-Jutsu von verschiedenen Verbänden
- 6. Dan Ju-Jutsu
- Lehrer für Ju-Jutsu verschiedener Verbände
- Krav Maga Instructor verschiedener Verbände

Wettkampferfolge
- 1. Platz Hamburger Meisterschaft Ju-Jutsu-Formenwettkampf 1992
- 3. Platz Hamburger Meisterschaft Ju-Jutsu Kampf 1995
- 3. Platz Hamburger Meisterschaft Ju-Jutsu Kampf 1994
- 4. Platz Internationale Deutsche Meisterschaften moderne Kata 1997 in Lauenburg
- 4. Platz Deutsche Meisterschaft Ju-Jutsu-Formenwettkampf 1992
- 5. Platz Hamburger Meisterschaft Ju-Jutsu Kampf 1996
- 1. Platz beim zweiten "happy run" 5 Km Nordic-Walking in Wahlstedt 2010
- 3. Platz German Taijiquan Open 2012 in Hannover
- 4. Platz Wu Wei Cup 2012 in Hamburg
- 1. Platz Sparkassen-Ostseelauf Timmendorfer Strand Nordic-Walking 5 Km 2013
- 1. Platz Stadtwerkelauf Tornesch 5 Km NW 2013-2015
- 1. Platz Möllner City-Lauf 9,4 Km NW 2014 + 2015
- 1. Platz Jesteb. Volkslauf Walking 10,5 Km 2014+2015

Veröffentlichungen
- diverse Sammelbände 2014
- Buch Rückenqigong 2014
- Buch Kurskonzept Frauenselbstverteidigung 2014
- Buch „Die 6 heilenden Laute" 2013
- Buch „Das muskel- und sehnenstärkende Qigong" 2012
- Buch „Sawah Kung Fu Grundtechniken" 2012
- Buch „Shaolin Qin Na Sawah Kuen" 2012
- Buch „Taijiquan für Einsteiger..." 2012
- Buch „Krav Maga - Grundtechniken..." 2012
- Buch „Das Spiel der 5 Tiere Qigong ..." 2011
- Buch „Die 8 Brokate by Stefan Wahle" 2010
- Buch „Ju-Jutsu Frauenselbstverteidigung" 2010
- Buch „Optimiertes Krafttraining mit der ILB-Methode" 2009
- Buch „Ju-Jutsu Straßenkampftechniken" überarbeitete Neuauflage 2009
- Artikel „Optimiertes Krafttraining mit der ILB-Methode" in der Zeitschrift „shape up Trainer's only", Heft Nr. 5 2009
- Buch „Realistische Frauenselbstverteidigung" 1994/95
- Buch „Ju-Jutsu Straßenkampftechniken" 1993

Auszeichnungen
- Budoka Award der Martial Arts Association 2013
- Ehrenkreuz der Martial Arts Association (MAA) 2012
- Hall of Fame + Dragon Medal der MAA 2011
- Verleihung der Ehrenmedaille durch den American Ju-Jutsu Landesverband Hamburg e.V.
  für den Aufbau der Akademie für Frauenselbstverteidigung 1997

Besondere Lehrgänge
- Lehrgang bei Dan Inosanto, Schüler von Bruce Lee, in Speyer 1996

Tätigkeiten

seit 2008	Fernstudium Fitness an der BSA Akademie anerkannt durch den DSSV e.V.
seit 2001	freiberuflicher Trainer
1993 bis 2001	Landestrainer beim American Ju-Jutsu Landesverband Hamburg e.V.

Mitglied in den Verbänden (Stand 12/2015)
- Taijiquan & Qigong Netzwerk Deutschland e.V.
- Chinesisch-Deutscher Kampfkunstverein e.V.
- Martial Arts Association - Int.
- Deutsche Budo Organisation e.V.
- Krav Maga Sawah Organisation Deutschland
- World Krav Maga Association
- Zertifizierung durch das Deutsche Trainerregister des DSSV e.V.
- Deutsches Dan-Kollegium e.V. - DDK
- Deutsche Kampfkunst Föderation e.V.
- Sawah Qigong und Taijiquan Gesellschaft
- American Ju-Jutsu Landesverband Hamburg von 1993
- F.T.U. Freie Taekwondo Union

Man kann mich als Personal Trainer für folgende Bereiche buchen:
- Muskelaufbautraining mit Geräten,
- Cardio-Training,
- Boxtraining,
- Nordic-Walking,
- Selbstverteidigung,
- Qigong, Taijiquan,
- gemeinsame Entwicklung von Trainingsplänen mit erreichbaren Zielen.

Kontakt:

Stefan Wahle

E-Mail: info@sw-sportbuch.de

Internet: www.sw-sportbuch.de

Fan-Page von Stefan Wahle bei Facebook.com:
http://www.facebook.com/Stefan.Wahle.Autor

10. Vorstellung der Gesellschaft

Die **Sawah® Qigong und Taijiquan Gesellschaft** ist der Fachverband für

- Qigong,

- Taijiquan und

- Kung Fu

im **Sawah® Stil** und betreibt in diesen Bereichen Lehre und Forschung.

Internet: www.sawah-qigong.de

E-Mail: info@sawah-qigong.de

Die Gesellschaft hat eine Gruppe bei Xing:
Qigong & Taijiquan Deutschland
http://www.xing.com/net/sawah

Gruppen bei Facebook:
Qigong Deutschland
Taijiquan Deutschland

Seite bei Facebook:
Sawah Qigong und Taijiquan Gesellschaft

Gruppen bei linkedin.com:
Qigong Deutschland
Tai Chi Chuan Deutschland

Stefan Wahle, Lehrer für Qigong

www.sw-sportbuch.de
www.buch.guru